ZHONGGUO RENKOU

KONGJIAN JIJU

DUI HUANJING WURAN

YINGXIANG JI ZUOYONG

JIZHI YANJIU

肖周燕　李慧慧　张亚飞 ◎ 著

中国人口空间集聚对环境污染影响及作用机制研究

首都经济贸易大学出版社

Capital University of Economics and Business Press

·北 京·

图书在版编目（CIP）数据

中国人口空间集聚对环境污染影响及作用机制研究/肖周燕，李慧慧，张亚飞著．--北京：首都经济贸易大学出版社，2021.11

ISBN 978 - 7 - 5638 - 3314 - 6

Ⅰ．①中⋯　Ⅱ．①肖⋯ ②李⋯ ③张⋯　Ⅲ．①人口—问题—影响—环境污染—研究—中国　Ⅳ．①C924.24 ②X508.2

中国版本图书馆 CIP 数据核字（2021）第 243145 号

中国人口空间集聚对环境污染影响及作用机制研究
肖周燕　李慧慧　张亚飞　著

责任编辑	陈　侃	
封面设计	砚祥志远·激光照排　TEL：010-65976003	
出版发行	首都经济贸易大学出版社	
地　　址	北京市朝阳区红庙（邮编 100026）	
电　　话	（010）65976483　65065761　65071505（传真）	
网　　址	http：//www．sjmcb．com	
E - mail	publish@ cueb．edu．cn	
经　　销	全国新华书店	
照　　排	北京砚祥志远激光照排技术有限公司	
印　　刷	北京九州迅驰传媒文化有限公司	
成品尺寸	185 毫米×260 毫米　1/16	
字　　数	191 千字	
印　　张	8.5	
版　　次	2021 年 11 月第 1 版　2021 年 11 月第 1 次印刷	
书　　号	ISBN 978 - 7 - 5638 - 3314 - 6	
定　　价	39.00 元	

序　言

党的十九大报告明确提出，建设生态文明是中华民族永续发展的千年大计。必须树立和践行"绿水青山就是金山银山"的理念，坚持节约资源和保护环境的基本国策，像对待生命一样对待生态环境，统筹山水林田湖草系统治理，实行最严格的生态环境保护制度，形成绿色发展方式和生活方式，坚定走生产发展、生活富裕、生态良好的文明发展道路，建设美丽中国，为人民创造良好生产生活环境，为全球生态安全做出贡献。解决环境污染问题是建设生态文明的重要组成部分，并已经成为公众的迫切愿望，更是政府的一个工作重点。然而，环境问题的解决如同其形成那样，并非一蹴而就。

当前中国社会经济已经进入全新的发展阶段，经济发展由过去投资驱动向消费驱动转变，尽管人口增长速度放缓，家庭越来越小型化，但家庭数目逐渐增多。家庭作为消费的主体，随着人们生活质量的提高、消费需求增大，无疑将引起更多的生活污染排放。换句话说，随着社会经济的转型，生活污染将会成为继生产污染后的环境污染的"主角"。本研究将经济系统内的生产活动产生的生产污染和生活活动产生的生活污染做出区分，纳入产业集聚，系统分析了人口空间集聚在社会经济发展背景下与生产污染和生活污染的空间关联，详细探讨了人口空间集聚对生产污染和生活污染的影响及作用机制，为减少生产和生活污染排放，着力推进绿色发展，促进生态文明建设，提升发展质量提供相关政策建议。项目得到以下主要研究结论。

第一，中国人口集聚重心和产业集聚重心在东西方向的差异远大于南北方向的差异，生产污染重心一直处于相对稳定状态，而生活污染重心则不断变化。人口和经济的不均衡是历史长期存在和现代发展的综合结果，东西方向人口和经济不均衡长期存在，而南北方向上的人口和经济不均衡性则不断变化。相比而言，生产污染在经纬度空间变化较小，一直处于稳定状态；生活污染重心则移动频繁，处于不断变化当中。

第二，人口集聚和产业集聚与生产污染和生活污染在经纬度上的关联程度存在明显差异。生产污染与人口集聚重心和产业集聚重心在经度上均具有负相关性，在纬度上，生产污染只与产业集聚有相关性。具体表现为，在东西方向上人口集聚和产业集聚程度高，生产污染反而低；在南北方向上，产业集聚程度越高，生产污染排放量则相对增加。相对于生产污染，生活污染只在经度上与人口集聚相关。具体表现为，在东西方向上，人口集聚程度高，生活污染严重。

第三，人口集聚与产业集聚高度的耦合性决定了将产业集聚纳入分析框架的必然，且人口集聚和产业集聚将带来不同的环境效应。研究结果证明，人口集聚和产业集聚对生产污染和生活污染的影响存在较大差异，在实现绿色发展和实现高质量发展目标过程中应兼顾人口集聚、产业集聚和环境保护之间的协调关系。适度人口集聚可通过共享、匹配和学习三种微观机制使生产污染得到缓解，产业集聚并没有随着人口集聚水平的变化对生产污染产生影响，产业集聚依然是导致生产污染加剧的一个重要因素。随着人口集聚水平的提高，生活污染呈现出缓解—加剧—缓解的过程。具体而言，当人口集聚水平较低时，生活污染较轻；随着人口集聚水平的提高，污染排放物必然增多，加剧了生活污染；但当人口集聚度进一步提高时，虽然污染排放物增多，人口集聚的微观机制发挥作用，生活污染会得到缓解。同时，产业集聚也是影响生活污染的一个重要因素。

第四，虽然人口规模的增大会加剧生产和生活污染，但适度人口集聚在很大程度上通过共享、匹配和学习三种微观机制促进了资源的优化配置和污染治理设施的共享，减少了对各种资源的重复占用，是减少生产和生活污染、改善环境质量的有效机制。需要强调的是，生产污染符合环境库兹涅茨曲线，但经济增长并不能自动解决所有的环境问题，尤其很难解决由消费所引致的生活污染问题。解决中国的环境问题一方面需要强调生产污染治理，另一方面必须考虑日常生活消费所带来的生活污染治理问题。相比于生产污染而言，生活污染涉及全社会每一个个体，其治理难度比生产污染治理更困难、更复杂。

目　录

第一章 导 论

第一节 选题背景与意义

党的十九大报告明确提出，建设生态文明是中华民族永续发展的千年大计。必须树立和践行"绿水青山就是金山银山"的理念，坚持节约资源和保护环境的基本国策，像对待生命一样对待生态环境，统筹山水林田湖草系统治理，实行最严格的生态环境保护制度，形成绿色发展方式和生活方式，坚定走生产发展、生活富裕、生态良好的文明发展道路，建设美丽中国，为人民创造良好生产生活环境，为全球生态安全做出贡献。解决环境污染问题已经成为公众的迫切愿望，更是政府的一个工作重点。然而，环境问题的解决如同其形成那样，并非一蹴而就。

与此同时，我国社会经济发展已进入全新的发展阶段，加快落实区域发展战略，完善区域政策和空间布局，发挥各地比较优势，构建全国高质量发展的新动力源，推进京津冀协同发展、长三角一体化发展、粤港澳大湾区建设，打造世界级创新平台和增长极是当前的社会经济的发展重点。在这样的大背景下，人口空间集聚水平将进一步扩大。人口快速集聚有利于促进社会经济的快速发展，但对资源环境的压力是不容小觑的。

人既是生产者也是消费者，既是污染的生产者也是污染的解决者。人口与环境息息相关，国内外学者对人口和环境之间的关系展开了大量实证研究，指出：人口规模是影响环境污染的一个主要因素（Dietz，1997；York，2002；徐中民，2005；朱勤，2010）。也有学者关注人口素质对环境污染的影响，指出由于不同素质的人口往往会选择不同的资源利用方式，因此，将对资源环境产生不同的影响（童玉芬，2009）；人口素质的提高有利于环境质量的改善（王曾，2010；洪大用，2012）。然而，有研究指出，环境质量除了与人口数量和质量，即俗称的人口素质密切相关外，人口空间分布也将极大影响着环境质量。一般来说，在假设其他条件不变、总人口数既定的条件下，人口若是平均分担（或是人口集中与分散相结合）对生态环境的影响将大大不同（方创琳，2008）。由于人口和经济活动的空间集聚是目前中国建设新型城市化的必然趋势，那么，人口空间集聚会给环境质量带来什么样的影响呢？对该问题的研究显然有利于我们对中国城市化质量进行判断，也有利于新型城镇化目标的实现。为此，本研究以城市化为切入点，重点探讨中国城市化进程中人口空间集聚对环境污染的影响机制及作用路径，为实现健康的新型城镇化及经济、社会、人口、资源与环境的可持续发展提供政策建议。

现有研究文献更多关注人口规模对环境污染的影响，涉及人口空间集聚对环境污染影响的文献并不多，且未形成统一认识。马修（Matthew，2004）指出，较高的人口空间集聚水平将加重污染，导致环境质量的恶化，因为提高人口空间集聚水平不足以弥补其所带来的诸如交通拥堵、绿化率减少、空气及噪声污染等负面影响。彭水军等（2006）结合中国数据显示，人口空间集聚度较高地区面临的环境保护压力远远大于其他地区，在某种程度上反映出人口空间集聚程度高时，环境污染也会越严重。但同时也有学者指出，人口空间集聚水平的提高对于某些特定污染物而言，可能并不服从正的规模效应。孙峰华等（2013）指出了人口空间集聚与环境污染的相关性，强调：一国或地区的人口空间集聚水平越高，本质上来说意味着该国或地区的与环境相关的生产消费活动越多，必将加剧环境污染。张可等（2013）的研究同样表明，集聚所带来的产出效率和成本的提高加重了污染。然而，也有学者提出截然相反的观点，指出较高的人口空间集聚水平有利于改善环境质量，原因是较高的人口空间集聚水平不仅可以提高资源的使用效率，而且有利于增强基础公共服务设施的共享率，从而减少了资源的过度消耗和环境的破坏，进而有利于环境质量的持续改善（Brown et al，2009；Glaeser & Kahn，2010；Newman & Kenworthy，1989；Sovacool & Brown，2010）。陆铭等（2014）利用中国的数据进行分析，结果表明：污染排放本身具有规模效应，不管是能源还是其他污染物，只要企业之间可以共享和分担，必将提高资源的利用率，即可通过各种资源的集聚降低单位产值的污染水平；因此，人口与经济活动的空间集聚是有利于减少污染的。当然，也有学者对以上观点并不认同，强调由于各地政治和历史背景存在较大差异，人口空间集聚与环境污染的关系并非简单的正相关或负相关（Satoshi，2010）关系。丁焕峰（2010）在探讨中国区域污染恶化的主要影响因素时也指出，人口空间集聚对环境污染影响并不显著，其原因在于人口空间集聚对区域环境污染有积极和消极的两方面影响。李茜等（2013）利用中国数据同样发现，中国人口空间集聚与环境污染并没有显著的相关关系。因此，人口空间集聚对环境污染的影响究竟是有利还是不利，人口空间集聚是环境污染的阻力还是助力，并没有形成一致结论，还存在较大争议。相关研究多数将反映人口空间集聚的指标放在环境库兹涅茨曲线（EKC）或随机的环境等式（STIRPAT）中进行分析，并未从理论上弄清楚人口空间集聚对环境污染的影响机制和作用路径，且较少有实证研究关注人口空间集聚是通过简单线性关系还是非线性关系来影响环境污染的；或者说，不同的人口空间集聚水平下，诸如经济规模、经济结构、技术和对外开放等影响因素的作用是否会发生改变。不仅如此，大多的实证分析多选取单一或多个污染物排放指标，如工业烟尘，工业废水、废气及固体废弃物来反映环境污染，然而这些指标带有很强的工业化痕迹，其分析结果必然与工业化程度显著相关，因此，侧重于工业污染指标来反映环境污染存在明显偏颇。这些指标只能反映生产污染（或称工业污染）。

由于环境污染是各种污染物的综合作用，城市化除了带来以工业废水、工业废气等与工业相关的生产污染外，日常生活引发的生活污染也不容小觑。已有研究表明，中国的环境污染正从以工业污染排放为主向以生活污染排放为主转变。与生产污染的现有文献相比,对生活污染影响的相关研究却极少。基于以上综合考虑,本研究一方面试图从理论上弄清人口空间集聚对生产污染和生活污染的不同影响机制和作用路径,另一方面从实证层面探讨处于快速城市化的中国,人口空间集聚对生产污染和生活污染究竟产生何种影响,不同的人口空间集聚水平是否存在不同的环境污染作用路径,以及在不同的人口空间集聚水平下,生产污染和生活污染的影响路径是否存在不同等问题。对以上方面的讨论显然具有较强的理论意义和实践价值。

从理论上来说,人口空间集聚对环境污染影响还存在争议,其关键原因在于人口空间集聚对环境污染的影响机制和作用路径没有从理论上厘清。本研究试图从理论上有所突破,客观揭示人口空间集聚对环境污染的影响渠道及路径,比较人口空间集聚对生产污染和生活污染的不同影响,力图对人口经济学、人口资源环境经济学进行丰富;从实践意义上来看,解决环境污染问题已经成为中国城市化不可回避的紧迫课题,对该问题的探讨不仅关系到环境污染治理、提高环境质量等课题,并且对人口与经济政策的制定、城市化发展规划的实施具有重要的参考价值,会直接决定中国在快速城市化进程中的城市发展方向。

同时,本项研究具有一定的社会经济效应。由于社会经济发展程度不同的地区,生产污染和生活污染的治理重点会有所不同,社会经济发展水平高的地区在治理生产污染治理的同时,应加强生活污染的治理;社会经济发展水平低的地区,生产污染的治理依然是治理的重点,并应同时兼顾生活污染的治理。为此,从服务决策上来说,对该问题的探讨可以直接服务于社会经济发展不同地区的污染防治,进而有利于不同地区切实有效地选择适合自身发展的绿色发展道路,创造直接的经济与社会效益。此外,本课题研究的定量化分析、数理分析、多系统综合研究等特点,能为相关领域研究提供智力公共产品,间接创造经济与社会效益。

第二节　研究框架设计

探讨中国城市化所带来人口空间布局,尤其是人口空间集聚对环境污染的效应,回答目前中国人口空间集聚到底是有利于缓解环境污染还是加剧了环境污染,其影响机制和作用机理究竟是怎样的,是本研究的主要对象。

由于本研究旨在探讨人口空间集聚与环境污染之间的相互关系及其内生影响机制,定性和定量地分析人口空间集聚对环境污染各种可能的影响渠道和路径,比较不同的人口空间集聚水平对生产污染、生活污染是否存在不同的影响渠道与作用路径,回答人口空间集聚是否有利于生产污染及生活污染的缓解(或加剧)等问题,从而为中国健康和可持续的新型城镇化,实现人口、资源和环境的可持续发展提出政策建议。基于以上认识,本研究项目大体上主要包括以下几个部分。第一部分是理论基础,介绍本研究的理论依据和研究背景与意义。第二部分是过程和评价,主要从历史变动的角度考察中国人口空间集聚变动规律和环境污染变动过程,以及人口空间集聚与环境污染关联性评价。该部分是本项研究的基础，主要包括三小部分：即中国人口空间集聚的历史变动过程及规律、环境污染变动情况及二者的关联性判断。第三部分为影响与机制，主要分析人口空间集聚对环境污染（包括生产污染和生活污染）的影响机制，定量研究人口空间集聚对环境污染的作用机理。这一部分是本课题研究的核心内容，包括三个小部分：人口空间集聚对生产污染作用机制及定量探讨、人口空间集聚对生活污染机制与定量探讨，以及人口空间集聚对生产和生活污染作用机制差异比较。第四层次为思路与对策，主要包括对本研究结果总结，以及提出以优化人口空间布局为抓手促进城市环境质量改善的思路与调整方案。总体框架可见图1-1。

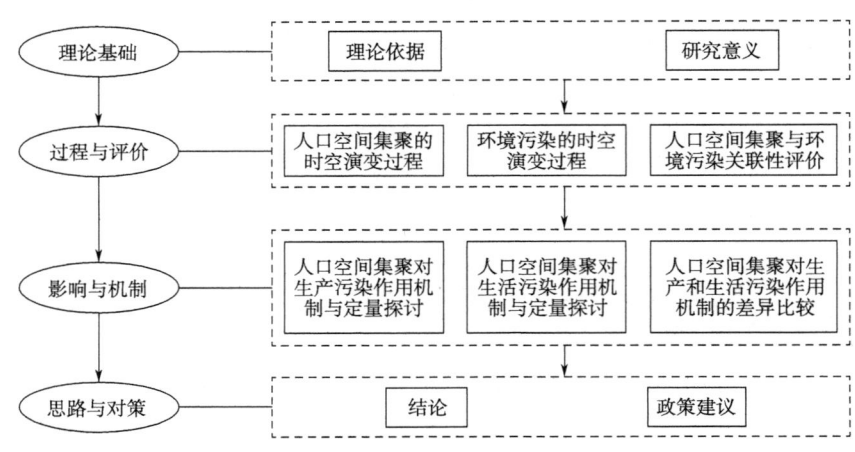

图1-1　本研究总体框架结构

本研究的重点主要包括以下内容：①中国人口空间集聚与生产污染、生活污染演化的路径与趋势，判断二者是否具有空间相关性或同步性；②从理论上揭示人口空间集聚对环境污染影响的作用机制和渠道，构建人口空间集聚对环境污染（包括生产和生活污染）影响的理论逻辑框架；③在人口空间集聚对环境污染影响作用机制理论探讨基础上，从定性和定量两个层面深入分析目前中国快速城市化背景下人口空间集聚对生产和生活污染不同的作用机制和路径，并比较其差异；④基于研究结果，为优化城市人口空间布局，改善城市环境质量提出相应的战略思路和具体的对策建议。

第三节　研究思路与方法

本研究基于人口、资源环境经济学等相关理论，综合运用计量经济学及地理信息系统等工具，对中国人口空间集聚的时空变化及环境污染的时空变化进行深入剖析，结合中国城市背景下的人口空间集聚水平提出假设，再进行实证检验，重点探讨中国城市化过程中人口空间集聚对环境污染（生产污染和生活污染）不同的影响路径及作用机制。研究基本思路如图 1-2 所示。

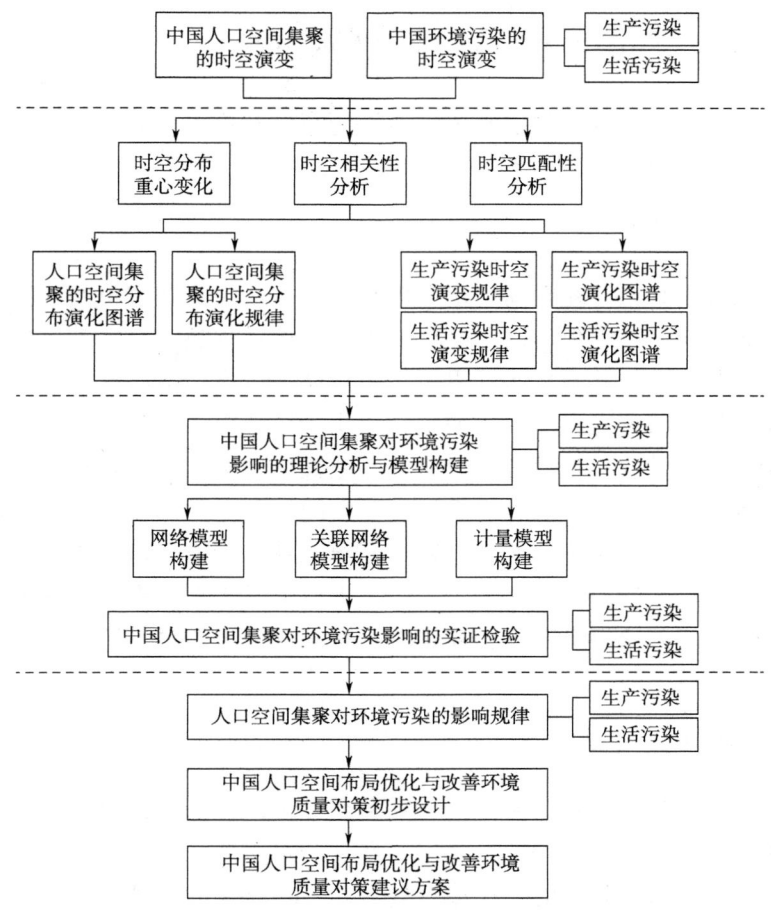

图 1-2 研究基本思路示意图

本课题主要运用理论与实证相结合、定性与定量相结合的研究方法，研究以理论分析为基础，实证分析为重点，在实证分析基础上注重数量分析，运用统计分析法，全面地探究城市化过程中人口空间集聚对环境污染的影响及作用机制，区分人口空间集聚对生产污染和生活污染的不同影响及效果，进而提出优化人口布局与改善城市环境质量的对策建议。

具体来说，根据不同的研究内容，采取针对性强的研究方法。在分析人口空间集聚与生产污染和生活污染的时空变化时，纳入产业集聚要素，采用不均衡指数和莫兰指数等指标进行描述，同时利用地理信息系统工具（GIS），运用重力模型直观形象地刻画出人口空间集聚与生产污染和生活污染的时空演变规律与发展趋势。在阐述人口空间集聚对生产和生活污染影响机制时，主要采用回归技术，尤其是面板回归和空间计量技术，一方面考虑人口集聚对生产和生活污染的空间效应，另一方面探讨人口集聚到何种水平生产和生活污染的影响因素才发挥作用，以及不同的影响机制和效果，进而全面客观把握人口空间集聚对环境污染的影响。

第四节 相关概念界定

本研究旨在探究人口空间集聚对环境污染的影响及作用机制，在研究之前首先需要对相关概念进行界定。

一、人口空间集聚

人口空间集聚是指人口在空间上从分散到集中，从稀疏到密集的一种社会经济发展过程或者一种社会经济现象。之所以称其为社会经济现象，是因为人口空间集聚的产生和发展程度都依赖于社会经济的发展。可以认为，人口空间集聚是指从空间角度探究某一确定地域中特定时间内人口的快速集中现象。人口空间集聚是由于吸引经济活动向一定地区靠近的向心力使得人口在空间上集中，被认为是导致城市形成和不断扩大的基本因素。因此，从形式上来看，人口空间集聚主要体现为一定区域范围内人口密度的加大。人口空间聚集产生了一系列不容忽视的社会经济后果，分析这些社会经济后果并采取正确的措施十分必要；其中，人口空间集聚所带来的环境效应尤为重要。一方面，人口空间集聚影响着经济效率，另一方面，其对污染排放规模和污染治理也将带来重要影响。

二、工业或产业集聚

所谓工业或产业集聚，是指同一产业在某个特定地理区域内高度集中、产业资本要素在空间范围内不断汇聚的一个过程。一般认为，产业聚集是指在产业的发展过程中，处在一个特定领域内相关的企业或机构，由于相互之间的共性和互补性等特征而紧密联系在一起，形成一组在地理上集中的相互联系、相互支撑的产业群的现象。这些产业基本上处在同一条产业链上，彼此之间是一种既竞争又合作的关系，呈现横向扩展或纵向延伸的专业化分工格局，通过相互之间的溢出效应，使技术、信息、人才、政策以及相关产业要素等资源得到充分共享，发挥共享效应，聚集于该区域的企业因此而获得规模经济效益，进而大大提高整个产业群的竞争力，促进区域的经济增长。产业集聚被认为对促进区域经济增长发挥了重要作用。改革开放以来，人口和产业集聚一直是促进社会经济发展的重要力量。

三、工业污染与生活污染

需要指出的是，在人口和产业集聚促进经济快速增长的同时，其所带来的环境污染问题已经影响到人们对日益增长的生态环境需要。所谓环境污染，是指自然的或人为的破坏，以及向环境中添加某种物质而超过环境的自净能力而产生危害的行为。一般按照环境要素分可以把环境污染划分为大气污染、水体污染、土壤污染、噪声污染、农药污染、辐射污染、热污染；按属性分可以将环境污染划分为显性污染，隐性污染；

按照人类活动可以划分为工业环境污染、城市环境污染、农业环境污染。

本研究依据经济系统活动将环境污染划分为生产和生活污染，因为多数学者在研究过程中认为，经济系统活动包括生产和生活，那么经济系统的基本活动所产生的污染物也对应为生产和生活污染，并指出生活污染治理势在必行（戴星翼，1995；王会等，2011）。政府和学界已经充分意识到经济增长带来的日益恶化的环境污染问题，展开了大量的研究。早期研究通常从生产过程中产生的三类工业污染物，即废水、废气和固体废弃物展开，强调经济增长对工业污染的影响（凌亢等，2001；张卫国等，2003）。由于工业污染的主体是企业或生产厂家，在政府与社会群众的监督下，中国工业污染的治理逐渐有所改善。工业污染往往总是跟生产密切相关的，所以我们认为，工业是经济系统的生产部门，由工业过程中所产生的污染物称为生产污染，工业污染也称为生产污染，即在工业生产过程中产生的污染，其主要体现是工业废气、工业废渣、工业废水等。但是，经济系统除了生产活动外，还有生活活动。随着经济的发展与生活质量水平的提高，与消费相关的日常生活活动所产生的污染物对环境造成的压力变得越来越不可忽视（戴星翼，1995；袁加军，2010）。随着人们的消费需求不断升级，消费数量不断增加，与之相伴而生的居民生活消费污染问题日趋严重，成为继工业生产污染后的首要污染源，以消费为核心的生活污染将取代工业生产污染而成为未来环境保护的难题与重点（李晓壮，2010；于淑波等，2015）。为此，我们将以消费为核心在日常生活过程中所产生的污染称为生活污染，具体体现为生活垃圾、生活废水和生活废气等。与工业生产污染相比，与消费密切相关的生活污染的研究明显不足。然而，从治理的角度来讲，生活污染涉及社会生活的每一个自然人，治理难度远大于生产污染。

基于此，本研究将环境污染的污染排放区分为生产污染和生活污染；生产污染即在工业生产过程中所产生的各种污染物，将日常消费活动所产生的各种污染物称为生活污染，也称消费污染。

第二章　相关文献回顾与评述

本著作虽然侧重于研究人口空间集聚对环境污染的影响，但人口空间集聚是集聚的一种主要形式，除人口空间集聚外，以经济形式存在的产业集聚是集聚的另外一种形式。为了深入挖掘人口空间集聚对环境污染的影响，本章将从环境污染的经典文献入手，回顾与评述与人口集聚和产业集聚的环境效应相关的文献①。

第一节　国外相关文献回顾与评述

探究环境质量或者环境污染的经典文献，不得不提到环境库兹涅茨曲线和环境等式，以下将从相关经典理论文献入手，回顾与评述相关研究，为探究人口和产业聚集的环境效应分析奠定理论基础。

一、库兹涅茨曲线

库兹涅茨曲线最初用于揭示收入分配差距与经济增长的关系。美国经济学家库兹涅茨分别选取了普鲁士 1854—1875 年、1875—1892 年、1893—1931 年这三个时间段的数据进行研究，分别对应资本主义第二次经济周期的涨潮、落潮和第三次经济周期的涨潮时期的时序数据，研究人均收入水平的差异随着经济水平的提高经历的扩大、缩小过程；二者关系在平面直角坐标系中的拟合曲线近似呈现出"倒 U 形"，该曲线被后人称为库兹涅茨曲线。经过大量经济数据的实证验证，该曲线得到了学者们的广泛认可。

20 世纪 90 年代初，有美国经济学者（Grossman & Kreuger，1995）在基于 42 个国家的数据研究环境、经济的关系时发现，随着人均国内收入的增加，环境污染水平呈现先上升后下降的"倒 U 形"，这与库兹涅茨曲线所描述的人均收入差距随人均国民收入的变化规律类似，并认为：经济增长首先表现为经济总量扩张，相应地带来污染排放增加，这是经济增长的规模效应；与此同时，伴随经济增长，经济结构变动会带来污染排放的变化。当经济从高耗能高污染的工业转向低污染高产出的服务业、信息业时，经济活动对环境的压力降低，环境质量将出现改善，这是结构效应。在经济增长过程中，伴随生产技术以及污染治理技术的进步，会导致生产过程中资源消耗的降低以及污染物排放的减少，这是技术进步带来的环境改善效应。潘纳约托（Panayotou，1993）利用 30 个国家的数据验证了上述结论，并首次将其命名为"环境库兹涅茨曲

---

① 出于论述方便，笔者对经济集聚与产业集聚概念不做严格区分。

线"，即 EKC 曲线。

环境库兹涅茨曲线理论认为，环境质量与经济增长的关系是一个从恶化到改善的过程，即随着经济规模的上升，环境质量会出现一个先恶化后改善的过程。具体来说：经济发展水平较低时，社会生产和生活的规模较小，对环境的污染较轻。经济进入快速发展阶段，工业化出现，重污染工业迅猛增长，出现对资源的过度开发利用；同时，人口逐渐增多，经济增长对环境输出的负效应增多，污染日益严重。当经济发展至成熟阶段，生产方式从粗放向集约转变，经济结构逐渐优化，重污染产业被调整或转移，经济积累开始为环境治理提供资金支持，人们对环境的诉求提高，环保意识增强，污染开始减少，环境质量得到改善，经济发展也逐渐进入高水平阶段，逐渐与环境协调。因此，环境库兹涅茨曲线理论认为，社会经济的发展基本遵循"先污染，后治理"的发展模式。

随着环境库兹涅茨曲线的提出，不少学者对单个国家或地区的环境与经济增长的关系进行实证研究，以此检验环境库兹涅茨曲线的适用性。例如，有学者（Giles & Mask，2003）发现，1895 年到 1996 年新西兰的甲烷的排放状况与人均收入的关系呈倒 U 型；但是，也有学者（Galletto，2001）对 1980—1996 年间西班牙的六种空气污染指标进行分析，发现只有二氧化硫符合环境库兹涅茨曲线，其他指标并没有随收入的提高而改善。还有学者（Friedl & Getzner，2003）研究了奥地利 1960—1999 年的二氧化碳排放，结果发现，二氧化碳排放与收入呈 N 形关系，并指出能源危机的恢复和环境政策的软弱造成了二氧化碳排放的上升，从而出现环境压力和经济增长的重组现象。

自环境库兹涅茨曲线提出以后，学者们进行了大量的实证研究。但是由于选择不同环境污染指标和数据，采用不同的统计方法，对环境库兹涅茨曲线的实证分析得到了大量不同的经验结果以及不少相互矛盾的解释。在解释环境污染影响因素时，经济增长似乎是一个黑箱，污染源性质、污染物种类、空间分布等因素都被简化，缺乏追根溯源的研究思路，缺乏内在的机制支撑，并不能很好地指导减少污染物排放政策的制定。

二、环境等式——IPAT 模型理论

除了环境库兹涅茨曲线是探究人口、经济与环境污染的重要的经典理论外，埃利希（Ehrlich，1972）将人类活动对环境影响加以概念化，提出了 IPAT 模型，随后不少学者对其进行丰富，在此基础上衍生出不少经典文献。以 IPAT 模型为基础的相关研究是探究环境污染影响因素的又一大经典理论文献。环境等式 IPAT 公式表达为：I（环境影响或压力，Environmental Impact）= P（人口，Population）× A（富裕水平，Affluence）× T（技术，Technology，此处指支持富裕水平的特定技术），将环境质量的影响视为人口、技术和富裕程度的函数。IPAT 模型将人类活动驱动力与环境问题争论的核心因素结合起来形成了一个探究环境污染问题的分析框架。国家或地区对环境和生态系统的影响（I）都是其人口数量（P）和富裕水平（A）的产物，并被特定技术（T）所影响，即 I = PAT 模型，也被称之为环境等式，其实质是测量人类活动对环境的输入性影响或压力。

从模型可知，在其他因素不变的情况下，人口规模（P）增加、人均资源消耗程度或消费水平（A）提升以及不断增加的提供消费品的技术（T），都将导致环境破坏扩大。该模型简要解释了环境污染问题产生的根源，其隐含了模型的线性假定，即将不同变量对环境质量或污染（I）的影响视为均等。而事实上人口、富裕和技术程度等因素在不同国家对环境问题产生影响的权重和机会不同：在欠发达国家，人口因素可能是主要影响因素；而在发达国家，技术和富裕程度等因素更可能导致环境问题产生变动。

基于环境等式存在的以上问题，学者们不断拓展、分析环境质量的影响因素，让环境等式的理论模型更加丰富。有学者（Waggoner & Ausubel，2002）以 IPAT 模型为出发点，提出 ImPACT 分析框架，将技术（T）拆分为人均 GDP 的消费（C）以及人均消费的影响（T），得到 I = PACT 等式，重点强调消费行为对环境质量的影响。和环境等式相比，该分析框架更清晰地呈现了经济系统中生产和消费对环境的影响。有学者（Schultze，2002）强调人的行为选择（B）对环境质量的影响，将环境等式 I = PAT 修正为 I = PBAT，认为，环境等式中富裕水平（A）、技术（T）与行为选择（B）相互作用，个人的享乐主义或节俭主义等价值观是决定选择物质消费还是环境保护行为的关键。有研究（Inglehart，2013）表明，当人们物质享受富足之后更加关注政治、生活和社会环境质量，可能引导更多的环境友好行为选择。但也有学者对 IPBAT 等式提出异议，指出在环境等式 I = PAT 公式中不应该包含行为（B），一方面因为修改的等式中的行为（B）已经暗含在等式右边的人口（P）、富裕（A）和技术（T）各个因素相互作用中，加入行为（B）因素，容易导致重复计算；另一方面，等式 IPAT 公式右边不能随意增加因素。虽然舒尔茨在 IPBAT 等式中没有明确定义行为选择（B）及其作用，但这是不断扩展环境影响因素的一个有益尝试（Roca，2002）。

此外，还可以将不同因素对环境影响的非线性关系公式转化为一个随机模型，模型中每一项值随观察单位（国家）的不同而随机代入 STIRPAT 模型。环境等式在定量实证分析过程中，各影响因素是同比例变化的，为了克服该局限性，有学者（Dietz & Rosa，1997）将其修正为关于人口、富裕和技术对环境影响的随机影响回归模型，即 STIRPAT 模型（Stochastic Impacts by Regression on Population，Affluence，and Technology），其模型表达为：$I_i = \alpha P_i^b A_i^c T_i^d e_i$；其中 α 为常数项，b，c，d 为各变量的估计指数。IPAT 模型的比例假设为：$\alpha = b = c = d = 1$；为了进一步对等式中所有变量进行估计和假设检验，对其进行对数转换得到，$LnI = \alpha + b(Ln\ P) + c(Ln\ A) + e$；（T 变量通常包括在误差项 e 中，不进行独立的估计）。随机的 STIRPAT 模型克服了环境等式模型各影响因素同比例变化的弊端，已经广泛应用于估计相关因素对二氧化碳排放和其他污染物排放的影响研究。

尽管 IPAT 模型受到的最大质疑在于其简化模型中变量自身存在重大缺陷，但其总体上解释了环境问题产生的复杂社会动力机制，虽然通过人口规模（P）的测量不能反映人口结构、迁移、分布与密度对环境影响的差异性，富裕水平（A）变量具有丰富的社会性意涵，由此应当关注因为富裕生活导致超额消费模式而产生的资源消耗；技术

（T）变量为不断拓展可能影响环境的重要因素提供了空间，但其内涵模糊，又很难进行操作化测量。由于模型关注从整体平均水平测量环境影响程度，因此忽略了少数特权群体对环境的不成比例的压力；另外，有关不同变量对环境影响的权重差异在模型中也很难体现，这引起学者们对环境等式的不少批评（钟兴菊等，2016）。

需要指出的是，虽然环境库兹涅茨曲线和环境等式存在不足，但这反映了学者们对环境污染影响因素、治理污染问题而做出努力的探索，并为后期深入研究其他因素对环境污染的影响做出了铺垫。

三、其他相关文献回顾与评述

在经典理论文献的指导下，近年来关于集聚对环境污染影响的研究汗牛充栋，并主要从人口集聚和产业集聚两个层面分别进行探讨，但人口和产业集聚对环境的影响研究并没有得到一致结论。人口集聚对环境污染的影响研究主要以人口密度作为人口集聚的代理指标展开。有学者（Matthew，2004）指出，较高的人口空间集聚水平将加重污染，导致环境质量的进一步恶化，因为提高人口空间集聚水平不足以弥补其所带来的诸如交通拥堵、绿化率降低、空气及噪声污染等负面影响。但也有学者提出截然相反的观点，指出人口集聚有利于减少环境污染，人口集聚可以通过对厂房、道路等资源共享减少重复建设，进而降低污染（Andreoni，2001）。赞成人口空间集聚有利于环境环境污染的学者不少，均认为人口空间集聚水平高，不仅可以提高资源的使用效率，而且有利于增强基础公共服务设施的共享率，从而减少了资源的过度消耗和环境的破坏，进而有利于环境质量的持续改善（Brown et al，2009；Glaeser & Kahn，2010；Newman & Kenworthy，1989；Sovacool & Brown，2010）；还有学者认为，紧凑型的高密度城市空间结构使得私家车的交通需求减少和缩短，公共交通比重上升，减少了城市交通碳排放（Brownstone，2009；Glaeser，2010）。也有学者对以上观点并不认同，强调由于各地政治和历史背景存在较大差异，人口空间集聚与环境污染之间并非简单的正相关或负相关（Satoshi，2010）关系。

与人口空间集聚对环境污染影响的文献相比，产业集聚对环境质量的影响则更多地从经济学角度展开，且多数研究认为，产业集聚是导致环境污染的重要因素。早期，布拉特（Braat，1987）利用数学概念模型，结合热力学、计算机模拟和生态学理论证明了工业规模扩大导致环境污染的事实。另有学者（Ciccone，1996；Martin，2011）探讨了产业集聚和生产率的关系，认为集聚能促进产出效率的提高，从而增加单位产出，因此加重了环境污染。还有学者（Virkanen，1998）利用芬兰的数据证实了产业集聚是导致芬兰南部空气和水污染的直接原因。此外，学者们分别利用欧盟、越南等地的数据证明城市产业集聚和大气、水污染之间的相关性，指出：城市产业集聚是导致诸如空气和水污染的主要原因（Verhoef，2002；Frank，2001；Duc，2007）。

国外文献在分析聚集对环境污染的影响时，大多对污染并没有做出明确的生产污染和生活污染划分，但也有学者（Kishore et al，2001）在论证环境库兹涅茨由线时，指出了消费侧的环境库兹涅茨假设的重要性，强调不同污染物的环境库兹涅茨曲线的适用性问题。在一定程度上，集聚对不同污染物将产生不同的污染效应并具有不同的作用机制。有学者（Zoboli，2009）利用欧盟 25 国的小组数据对废物产生、焚烧和垃圾填埋场进行动态分析指出，消费所产生的废弃物并未与经济脱钩，废弃物的产生与收入成正比例增长。随后，随着学界对污染问题的重视，从消费侧入手，研究生活污染问题的研究不断增多，但主要集中在碳排放领域。有学者（Mir & Storm，2016）利用世界投入产出数据库，评估了 40 个国家的生产与消费侧的二氧化碳排放结果，指出：基于生产的二氧化碳排放和经济增长不相关，而消费侧二氧化碳排放随着人均 GDP 增长而增长。有学者（Bhattacharya et al.，2020）关注消费和基于领土的碳排放强度的收敛问题。还有学者（Peng et al.，2015；Li et al.，2020）计算了 1995—2009 年中国生产和消费碳排放情况，指出中国的生产、碳排放都显著增加，国内最终需求规模的增长和生产部门投入结构的变化，是导致中国生产和消费碳排放迅速增加的主要原因。但也有学者（Wu et al，2020）对 2000—2014 年中国的生产和消费碳排放进行测算时，发现中国近年的生产和消费碳排放增速出现放缓，推动生产和消费碳排放的因素已经发生了变化。虽然消费污染或消费侧碳排放主要是从消费角度来探究环境污染问题，但消费带来的环境污染表现形式多体现在生活垃圾、生活污水和生活烟尘等生活领域。国外从消费侧入手研究污染问题，为我们探究人口对生产污染和生活污染的影响效应和机制奠定了基础。

第二节　国内相关文献回顾与评述

受国外环境质量的相关研究的影响，不少国内学者对中国的环境质量的影响因素进行了环境库兹涅茨曲线的实证检验。张晓（1999）使用中国的时间序列数据进行检验，研究结果发现，中国的经济发展状况与环境污染水平的关系呈现出较弱的倒 U 形关系。陆虹（2000）利用状态空间模型发现，发现中国人均二氧化碳排放量表现出随收入上升的特点。李周等（2002）根据"单位 GDP 污染排放量预测"和"GDP 总量预测"方法对污染物总排放量进行估算，预测了工业废水、工业废气和工业废水排放量达到顶点的时间，并且认为污染排放量与经济增长二者的关系从东部到西部存在阶梯性差异。包群等（2005）全面考察了中国 1996—2002 年经济增长与环境质量的关系，认为倒 U 形曲线很大程度上取决于污染指标以及估计方法的选取。此外，不少学者还深入到了全国各省、各城市甚至到各行业层面，对经济增长和环境质量的关系展开研究。例如，沈满洪等（2000）利用浙江省经济与环境数据，得到各类指标的 N 形曲线，指出浙江的经济增长与环境质量的发展轨迹与世界上发达国家不同，存在更多波动。凌亢等（2001）则使用行业数据验证了南京的环境库兹涅茨曲线，发现工业废气排放量和浓度都随收入增长严格递增，整体污染趋势在扩大。吴玉萍等（2002）利用北京数据建立经济增长与环境污染水平计量模型，经过分析发现，北京环境污染物与经济增长之间呈现出显著的倒 U 形曲线特征，而且比发达国家更早达到转折点，由此认为北京实行的比较有效的环境政策促使了环境库兹涅茨曲线拐点的提前到来。范金

（2002）以 81 个大中城市氮氧化物、二氧化硫、总悬浮颗粒物浓度和年人均降尘量的面板数据对环境库兹涅茨曲线进行实证检验，分析发现除了氮氧化物浓度之外，其余污染物与收入确实存在倒 U 形的关系，但二氧化硫和总悬浮颗粒物的转折点处于几乎不可能达到的高收入水平上。陈华文和刘康兵（2004）利用上海市空气质量和经济增长数据进行验证，认为上海市存在着库兹涅茨的倒 U 形曲线，随着经济增长，上海的空气质量得到了改善。张凡凡等（2019）以水足迹强度作为环境质量的代理指标进行环境库兹涅茨曲线检验，研究发现中国水足迹强度存在"倒 N 形"的曲线，且大部分省份水足迹强度处于第一个拐点与第二个拐点之间，北京、天津、上海等区域已越过第二个拐点，处于水足迹强度下降阶段，而部分西部欠发达地区仍未跨越第一个拐点。

在国内，有关 IPAT 模型以及扩展的随机 STIRPAT 模型的经验研究比较丰富，大多数学者将环境影响的测量集中在生态足迹、水足迹、二氧化碳排放量、虚拟水消费量、耕地面积变化、草原资源消耗、能源消费的总量和产生的污染等方面的探讨。焦文献等（2006）基于 IPAT 等式以及改进的 ImPACT 等式，分析了甘肃省 1990—2003 年虚拟水消费中人类活动对环境的影响，发现相比 1990—1995 年，1996—2000 年和 2001—2003 年甘肃省收入显著提高，而水使用强度和效率也大幅度改善，对环境影响起到了调节作用。王康（2011）将经典的 IPAT 等式扩展为包含人口、富裕程度、用水强度和产业结构 4 种影响因素的用水分析等式，并利用结构分解模型将 4 种影响因素对总用水量变化的贡献分解开，得到不同因素对用水变化的影响。曲建升等（2014）基于环境等式基本原理，采用 LMDI 分解法构建一个包括消费碳排放强度、消费结构、城乡消费比重、消费水平、经济水平和城乡结构在内的居民人均生活碳排放驱动因素分解模型，对 1995—2012 年的城乡居民人均生活碳排放影响因素进行分解分析。王月菊等（2015）基于 IPAT 等式，分别构建了家庭户数模型和人口规模模型，并运用修正后的 Laspeyres 指数分解法，比较分析了家庭规模、家庭户数和人口规模对能源和水资源消费的影响，认为家庭户数增长和人口规模扩大都会刺激能源和水资源消费的进一步增长，但前者的刺激作用大于后者，且两者的作用差距不断扩大。家庭户数的快速增长已成为能源、水资源消耗的主要驱动因素之一。尚海洋等（2016）以 IPAT 模型为基础，加入反映产业集聚的变量，实证分析了产业集聚对环境污染的影响，实证结果表明，就全国范围而言，产业集聚的提高，将会加重环境的污染；而分区来看，产业集聚能够改善东部地区的环境，但会加重中西部地区的环境污染。胡振等（2018）以日本 2001—2011 年数据为样本，基于 IPAT - LMDI 扩展模型，构建了包括家庭规模、住宅利用率、经济发展水平、碳排放率、能源消费结构和能源消耗强度的日本家庭碳排放因素分解模型，并就各因素变动对日本户均碳排放的影响程度、日本户均碳排放对因素变动的敏感程度进行双向分析，结果表明，日本户均碳排放波动上升趋势是正向驱动因素和抑制因素共同作用的结果。王小伟等（2019）应用 IPAT 模型建立了大气污染物排放量和经济发展之间的定量模型，选取二氧化硫、氮氧化物、烟尘以及工业粉尘 4 种大气污染物的总量及各自排放量作为因变量，以人均 GDP、单位 GDP 能耗、第二产值比重和去除比作为自变量展开分析，研究结果表明：第二产业比重、人均 GDP、单位 GDP 能耗对大气污染物的排放具有显著影响。

在环境库兹涅茨曲线理论、环境等式及随机的 STIRPAT 模型基础上，国内文献延续国外研究范式，结合中国发展的实际，同样集中于人口空间集聚与产业集聚两种集聚形式分别探讨各自对环境质量的影响。人口空间集聚同样存在加剧、缓解污染和非线性三种观点。方创琳（2008）指出，在假设其他条件不变，总人口数既定的条件下，人口若是平均分担或是人口集中与分散相结合，对生态环境的影响将大大不同。国内学者彭水军等（2006）结合中国数据研究指出，集聚水平高的地区面临较大的环保压力，在某种程度上说明集聚程度越高，环境污染越严重；同时指出，对于某些特定污染物而言，集聚水平的提高可能并不服从正的规模效应。孙峰华等（2013）的研究同样表明，人口集聚水平与环境污染呈现显著的正相关关系，即人口空间集聚水平越高，环境污染越严重。但也有学者分别通过中国的城市或省域数据，采用线性回归或空间技术证明，人口空间集聚能有效改善城市环境，集聚水平越高，集聚的污染效应越低，并得出了提高集聚水平对改善环境质量具有积极作用的结论（陆铭等，2014）。比较人口空间集聚加剧和缓解环境污染的相关文献，有学者指出，人口集聚和环境污染并不呈现简单的线性关系，人口集聚水平不同，对环境污染会产生不同的影响（卢东斌等，2009；王芳等，2013）。还有研究检验了不同人口集聚水平与环境污染之间的非线性关系，认为偏大和偏小的集聚水平对环境污染均产生不利的影响（肖周燕，2015）。

相比人口空间集聚，产业集聚对环境污染的研究文献明显多于人口集聚，尤其是最近几年关于产业集聚和环境污染关系的讨论明显增多。由于产业或经济集聚往往伴随着规模的扩张，大量的基础建设和工业生产往往会导致污染的大量排放，产业集聚不可避免会加剧环境污染（朱英明，2012）。苏静（2013）和刘满凤等（2014）利用中国省域数据均得出产业集聚与污染集聚存在显著正相关的研究结果，认为产业集聚在一定程度上加速了污染的集聚，产业集聚是加快污染集聚的主要因素之一。但陆铭等（2014）指出，经济活动的空间集聚度提高有利于降低单位工业产值的污染排放量。王海宁等（2010）和李顺毅等（2014）则侧重研究产业集聚对环境污染的作用机制，认为产业集聚能带来技术创新和溢出效应，因此有利于降低污染。张可等（2013）的研究结果同样表明，不同城市的集聚水平使得污染程度大不相同，具有相对较高集聚水平的东部沿海城市以及省会城市的污染水平低于中西部城市和中小城市。还有不少学者利用计量经济学方法检验了不同发展阶段产业集聚所产生不同的环境效应，认为产业集聚和环境污染之间并不是单纯的线性关系，二者之间呈现出 N 形或倒 U 形曲线趋势（李伟娜等，2010；沈能，2014；李筱乐，2014）。

相比于国外研究，国内学者对生活污染的研究略为丰富。早在 20 世纪 90 年代中期，戴星翼（1995）就指出，我国对工业污染的控制基本是成功的，生活污染治理势在必行，并从理论层面探究了生活污染治理的经济和社会机制。袁加军等（2009）指出，国内研究的环境污染指标通常是废水、废气和固体废弃物这三类工业污染物，并且认为国内外文献均未涉及对生活污染与经济增长之间关系的研究；但随着经济的发展与生活水平的提高，与生活相关的污染物的排放对环境造成的压力变得越来越不可忽视。因此，有学者以生活二氧化硫、生活污水和生活烟尘为主要生活污染物，检验其中 EKC 关系是否存在；研究发现，生活二氧化硫、生活烟尘排放量与人均 GDP 之间不存在长期协整关系；生活污水排放与人均 GDP 之间的关系呈倒 U 形的 EKC 曲线，且处于曲线的上升阶段；生活污水中化学需氧量（COD）排放量与人均 GDP 既存在倒 U 形的 EKC 曲线关系，也存在 N 形曲线关系。其后，有学者使用空间计量方法生活污染的 EKC 模型再次进行检验，结果显示：中国生活污染排放的空间依赖关系并不显著；同时，人均生活污水、人均生活污水中 COD 和人均生活二氧化硫排放量与人均 GDP 之间为"倒 U 形"曲线关系，人均生活烟尘排放量与人均 GDP 之间为"倒 N 形"曲线关系，认为就生活染污而言，中国的经济发展与环境改善是相互协调的（袁加军等，2010）。

以上研究虽然开始关注与生产相对的生活污染，但多是探讨经济增长与生活污染的关系，即采用不同的方法检验生活污染是否符合环境库兹涅茨曲线，发现当选取不同的生活污染物指标时，经济增长与生活污染的关系并不明晰。随着统计方法的日趋严谨和复杂，学者们越来越关注空间效应分析。何雄浪（2019）考虑空间效应，采用普通面板最小二乘法和空间杜宾模型对人口与生产污染、生活污染的关系进行了分析。研究结果显示：生产和生活污染具有显著的空间溢出效应。工业污染与经济发展水平呈现出显著的正 U 形曲线关系，但引入空间相关性之后，生活污染与经济发展水平没有显著的相关性；人口集聚对工业污染与生活污染的影响存在分异的现象，忽略空间相关性会高估人口集聚对工业污染的影响，人口集聚主要导致的是生活污染，而不是工业污染，人均受教育程度的提高对工业污染没有显著的改善效应，但对生活污染却有显著的改善效应。作者全面探究了人口和产业集聚对生产和生活污染的影响及空间效应，但美中不足的是，人口和产业集聚对生产和生活污染的影响机制探讨不够。如果说人口集聚导致了生活污染而非工业污染，那么集聚的效应是否存在？人口和产业集聚对生产和生活污染的机制究竟是什么？人口的集聚效应对生产和生活污染究竟带来什么影响？对生产和生活污染的影响是否存在差异？对这些问题以及不同因素不同的作用路径等问题的探讨明显不够。

第三节　本章小结

经典的环境库兹涅茨曲线、环境等式和随机的 STIRPAT 模型，为我们探究人口空间集聚对环境污染的影响奠定了理论基础，给后续研究带了诸多启发。由于人口空间集聚从本质上来说是社会经济发展到一定阶段的产物，除人口空间集聚外，产业集聚也是集聚的一种重要形式，而且人口和产业集聚存在某种关联。为此，本章主要从人口和产业两种集聚形式分别回顾了集聚对环境污染的影响，以期为全面客观把握人口空间集聚在社会发展背景下对环境污染的作用机制奠定基础。

从现有文献来看，从人口或产业两种集聚形式探讨它们对环境污染的影响，基本上形成了三种观点；但不管是人口集聚还是产业集聚，均指出集聚要么加剧环境污染，要么缓解环境污染，要么呈现非线性关系。在探讨人口或产业两种集聚形式对环境污染的影响时，多数文献是分开谈论的，或者强调人口集聚，或者强调产业集聚，将人口和产业集聚综合考虑并放到研究模型中进行论证的文献并不多。然而，需要指出的是，人口集聚和产业集聚其实具有一定的空间耦合性，若将二者具有耦合性的客观现实割裂，只分析人口集聚或产业集聚对环境污染的影响有失偏颇。尽管已有学者开始关注人口和产业集聚对环境污染的共同影响（刘满凤，2014；冯颖，2017；徐辉，2017），但没有区分不同集聚水平的污染效应，只分析了与产业紧密相关的生产性污染。集聚从本质上来讲是一种紧凑和高效的空间发展模式，人口和产业是两种最主要的集聚形式，因此，有必要将人口、产业集聚与环境污染纳入统一的分析框架。更为重要的是，人口空间集聚和产业集聚引致的环境污染排放并不相同，虽然整体上表现为环境质量的变化，但人口空间集聚所带来更多的是由于消费所引致的生活污染，而产业集聚所带来更多的是由于生产过程所引致的生产污染。在考察集聚和环境污染的关系时，多数研究往往侧重于产业或经济集聚对生产污染的影响，忽略了人口集聚所产生的生活污染。为此，本研究试图从以下几个方面予以改进。

第一，将人口空间集聚、工业或产业集聚与环境污染纳入统一的分析框架。由于不同的空间集聚水平对各种资源的配置、技术的开发、公共设施的利用都有着不同的影响，本研究试图从人口空间集聚的动态变化考察不同集聚水平对环境污染的作用及所导致的环境效应。

第二，环境污染与不同集聚水平之间存在多种表现形式，并总是与环境污染指标的选取有很大关系，既有研究多选取较单一的污染物指标，而环境污染是多种污染物的综合作用，单一的污染指标难以反映污染的总体情况。本研究将选取多种污染物构建一个可以全面反映生产和生活环境污染的综合指数。

第三，考察在城市化推进过程中，人口空间集聚和产业集聚对经济系统内生产活动所产生的生产污染和生活活动产生的生活污染的影响、差异及原因，重点把握不同人口集聚水平下产业集聚对生产和生活污染的影响程度及作用效果，全面把握不同发展阶段环境污染的特点和效应，制定更为合理有效的环境治理政策。

第三章　经济发展背景下的中国人口空间集聚与环境污染演变趋势

为了明晰中国人口空间集聚与环境污染演变规律，本研究引入了经济发展变量。不管是人口空间集聚问题还是环境污染问题，都与经济发展有着密切的关联；为此，本研究以经济发展为背景，引入产业（经济）集聚变量，深入剖析中国人口空间集聚与环境污染之间的演变规律。在分别描述中国人口空间集聚、经济发展和环境污染空间分布情况基础上，探究人口空间集聚、经济发展与环境污染之间的关联。

第一节　分析方法选择

一、熵权法确立环境污染指标

环境污染是一个综合整体的概念，由于经济系统内的活动包括生产活动和生活活动两部分，经济系统的污染相对应地也包括生产污染和生活污染。生产污染是企业在工业生产过程中产生的各类污染物，基于数据的可得性，选择工业废水排放量、工业废气排放量、工业二氧化硫排放量、工业烟（粉）尘排放量以及工业固体废物排放量五类工业污染物来综合度量生产污染。生活污染是居民日常生活消费过程中所产生的各类污染物，主要包括生活污水排放量、生活二氧化硫排放量、生活烟尘排放量以及生活垃圾量。为此，生活污染由以上生活污染排放量表示，并采用熵权法进行综合衡量，以此度量生产和生活污染。

由于所选用的生产污染和生活污染的排放量指标单位不同，需要对每个指标进行无量纲化，以此来消除度量单位与指标类型不同而导致的问题。采用极值法首先对指标进行标准化处理，计算公式如下：

$$正向指标：x'_{ijt} = [x_{ijt} - \min(x_{ijt})]/[\max(x_{ijt}) - \min(x_{ijt})] \qquad (3-1)$$

$$负向指标：x'_{ijt} = [\max(x_{ijt}) - x_{ijt}]/[\max x_{ijt}) - \min(x_{ijt})] \qquad (3-2)$$

式中：x'_{ijt} 表示各指标的标准化值；x_{ijt} 表示指标的样本值；$\max(x_{ijt})$ 表示某一指标之中的最大值；$\min(x_{ijt})$ 表示某一指标之中的最小值；下角标符号中，i 表示不同地区，j 表示不同指标，t 表示不同年份。

根据综合指标评价原理，对每个指标赋予不同的权重。一般来说，对指标赋权的方法有客观赋权法、主观赋权法与综合赋权法等，为避免主观赋权法的不确定因素，采用客观赋权法中的熵值法来衡量生产污染和生活污染中的每个指标的权重。熵值法是一种基于信息熵理论判断数据离散程度从而确定指标权重的方法，其计算步骤如下：

第一步，指标归一化处理：$P_{ijt} = x'_{ijt} / \sum\limits_{i=1}^{m} \sum\limits_{t=1}^{n} x'_{ijt}$。

第二步：计算各指标熵值：$E_j = k \times \sum\limits_{i=1}^{m} \sum\limits_{t=1}^{n} P_{ijt} \times \ln P_{ijt}$；其中，$k = 1/\ln(m \times n)$。

第三步：指标权重：$W_J = (1 - E_J) / \sum\limits_{J=1}^{l} (1 - E_J)$。

第四步：指标综合得分：$U = \sum\limits_{j=1}^{l} W_J x'_{ijt}, \sum\limits_{j=1}^{l} W_J = 1$。

式中，m 表示所计算地区的数量，n 表示所计算年份的数量，l 表示生产污染或生活污染指标的数量。

二、空间分布分析方法

本研究所采用的重心概念最早来源于力学，是指某个物体各部分所受重力产生合力作用的作用点。该方法被广泛应用到社会经济发展领域，用来反映区域某一社会经济发展属性由不同区域权重导致的平衡点。一般来说，在假设区域均质情况下，一定时期内区域重心向某一方向移动则表明在这一方向上的社会经济活动属性发展速度更快、实力也更强，表明该社会经济活动属性空间分布不均衡。区域重心偏离的方向一般是指向某一经济社会活动空间属性的"高密度"增长部位，偏离的距离表示该社会经济活动的不均衡程度。区域重心的转移能够清楚反映出区域某一社会经济属性发生变化的轨迹及空间差异（刘凤朝，2013；高军波等，2018）。

（一）重心测算模型

重心的测算往往先假设某一区域由 n 个次一级的区域组成，次一级区域 i 的地理坐标为 (x_i, y_i)，假设该区域的某项经济社会属性值为 G_i，那么，该社会经济活动的区域重心坐标 (X, Y) 为：

$$X = \frac{\sum\limits_{i=1}^{n} G_i x_i}{\sum\limits_{i=1}^{n} G_i} \qquad (3-3)$$

$$Y = \frac{\sum\limits_{i=1}^{n} G_i y_i}{\sum\limits_{i=1}^{n} G_i} \qquad (3-4)$$

中国内地是本研究的范围，次一级区域则为中国内地的省级行政区。因此，上式中的次一级区域地理重心由各省会城市地理位置的经纬度坐标表示。本研究主要考察经济发展背景下的人口空间集聚对环境污染的影响变化，为此，选择相关的经济、人口和环境污染指标作为经济社会属性，式中的 G_i 是选择的相关的人口、经济和环境污染指标进行标准化处理之后的权重值，采用以下方法标准化：

$$G_i = \frac{G_i^0}{\sum\limits_{i=1}^{n} G_i^0} \times 100 \tag{3-5}$$

式中，G_i^0 为区域 i 某项社会经济属性（如人口、经济和环境污染）指标的原值。

（二）偏心距离计算

偏心距离通常是指重心偏离几何地理重心的距离，在一定程度上反映出空间结构均衡程度及区域发展的空间差异，并可以预测出不同空间板块和空间主体的规模实力（王伟，2009；张建武，2021；孟广文，2017）。若某时期空间重心 $P_t(x_t, y_t)$ 到地理重心 $P_0(x_0, y_0)$ 距离为 D_i，根据欧式距离公式，得到偏心距离：

$$D_i = \sqrt{(x_t - x_0)^2 + (y_t - y_0)^2} \quad (0 \le D_i \le \infty) \tag{3-6}$$

式中，x_0 和 y_0 表示地理重心坐标，$x_0 = \dfrac{\sum_{i=1}^{n} x_i}{n}, y_0 = \dfrac{\sum_{i=1}^{n} y_i}{n}$。

（三）重心移动距离

一般，在重心计算的基础上，可通过测度重心的偏移距离反映空间结构的均衡变化幅度和区域空间是否充满活力。重心移动距离往往用某年份重心和随后邻近年份重心之间的直线距离 D_m 表示。假设第 t 年、$t+1$ 年重心所对应的经纬度分别为 $P_k(x_t, y_t)$ 和 $P_m(x_{t+1}, y_{t+1})$，第 t 年至第 $t+1$ 年间重心移动空间距离 D_m（单位为千米），那么，相邻年份重心的移动距离为：

$$D_m = C \times \sqrt{(x_{t+1} - x_t)^2 + (y_{t+1} - y_t)^2} \tag{3-7}$$

式中，C 为常数，是把地理坐标单位（度）转化为平面距离（千米）的系数，取 111.111。

需要注意的是，因为本研究没有涉及高纬度地区，因而，未考虑纬线之间距离会随着纬度增加而减小的情况。

（四）重心移动方向

重心移动方向可以指示引起空间结构均衡改变的空间板块，能够判断出引起社会经济活动空间属性均衡变化的空间主体分布区位，并指明空间结构演变过程中此消彼长的方向（王伟，2009；张建武，2021；孟广文，2017）。假设第 t 年和第 $t+1$ 年区域重心的经纬度坐标分别为 (x_t, y_t)、(x_{t+1}, y_{t+1})，相对于第 t 年，第 $t+1$ 年区域重心移动角度为 θ 度，具体计算公式如下：

$$\theta = \frac{n\pi}{2} + \arctan \frac{y_{t-1} - y_t}{x_{t-1} - x_t} \quad (n = 0, 1, 2) \tag{3-8}$$

式中，$-180° < \theta < 180°$，以正东方向为 $0°$，逆时针旋转为正，顺时针旋转为负。

需要注意的是，当 θ 等于 $0°$ 或 $\pm180°$ 时，表明重心沿着正东或正西方向移动；当 θ 等于 $\pm90°$ 时，表明重心沿着正北或正南方向移动（张建武，2021）。相对于第 t 年，第 $t+1$ 年区域重心移动的方向可以按照图 3-1 的坐标象限图进行判断。

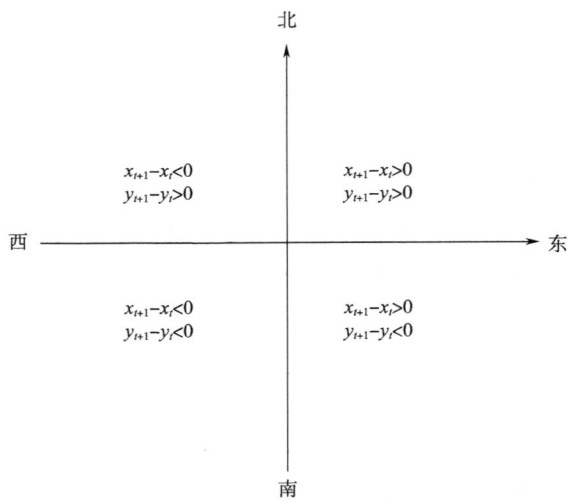

图 3 - 1   区域重心移动方向的坐标象限图

三、空间相关性分析

空间相关性是从空间角度描述某一社会经济属性在某一观测时期的整体分布情况，将空间相关性分析方法引入能够更全面地描述在经济发展背景下人口集聚和环境污染之间的空间分布状况。一般认为，如果某一社会经济发展属性的相似性在空间上集聚，表明该社会活动属性存在正的空间相关性；假如某一社会经济发展属性的差异性在空间上集聚，说明该社会属性存在为负的空间相关性；如果数据的排列识别不出任何模式，则说明该社会属性是独立的或随机分布的。一般通过标准统计检验有无空间自相关的存在。空间自相关可以通过全局空间自相关和局部空间自相关两种方法测度。全局空间自相关描述某一社会经济发展属性在某一观测时期的整体分布情况，并且判断区域内是否存在空间集聚性特征；局部空间自相关则可以计算局部空间集聚性并指出集聚的类型，从而探测出是否存在空间异质性。

（一）全局空间自相关

空间自相关分析是目前运用较为广泛的空间统计方法，可以揭示出空间变量的区域结构形态。可利用该方法对区域人口、经济和环境污染的全局和局部空间自相关性进行验证。全局空间自相关主要研究邻近位置同一社会经济发展属性（如人口、经济和环境）的相关性综合水平，描述属性值在整个研究区域的空间分布特征。其度量指标通常为 Moran's I（以下称"莫兰指数"）统计量指数。全局 Moran's I 指数反映了空间邻接或空间邻近区域人口、经济和环境污染属性值的相似程度。计算公式如下：

$$Global\ Moran's\ I = \frac{\sum\limits_{i=1}^{n}\sum\limits_{j=1}^{n}W_{ij}(X_i - \bar{X})(X_j - \bar{X})}{S^2\sum\limits_{i=1}^{n}\sum\limits_{j=1}^{n}w_{ij}} \qquad (3-9)$$

其中，

$$S^2 = \frac{1}{n} \sum_{i=1}^{n} (X_i - X)^2$$

$$X = \frac{1}{n} \sum_{i=1}^{n} X_i$$

式中：X_i 表示 i 区域某一社会经济活动要素的属性值，n 表示样本个数，W_{ij} 为空间权重矩阵，一般采用空间邻接权重矩阵或空间距离矩阵，本研究采用空间邻接权重矩阵。

Moran's I 指数的取值范围一般都在（-1，1），若 Moran's I 指数大于 0，表明所研究的人口、经济或环境污染属性值在各地区间空间正相关，观测属性呈现出集聚的空间格局，越接近 1 意味着集聚的正相关性越强，说明空间邻接或邻近地区单元之间的属性值具有很强的相似性；Moran's I 指数小于 0，则说明所研究的人口、经济或环境污染的属性值在各地区间空间负相关，所研究对象的观测属性呈离散空间格局，越接近 -1 说明空间的负相关性越强，表明空间邻接或邻近单元之间的研究对象的属性值具有很大的差异；Moran's I 指数等于 0，则表明各地区的研究属性值分布不存在相关性，并不呈现规律性变化。

（二）局部空间自相关

局部空间自相关与全局空间自相关相对应，表明一个区域的某一社会经济属性值（如人口、经济和环境属性）与周围邻近地区上的同一属性值的相关程度。一般来说，全局空间自相关假定空间是同质的，但事实上区域要素的空间存在异质性。因此，与全局 Moran's I 指数不同，局部 Moran's I 指数是衡量局部空间自相关的常用指标，综合反映着各区域单元与相邻单元的属性值之间空间自相关性质与水平。此外，局部 Moran's I 指数其实是将全局 Moran's I 指数分解到各个单元区域，形成了空间联系局部指标 LISA（Anselin，1995）。局部 Moran's I 指数定义为：

$$Local\ Moran's\ I = \frac{X_i - \bar{X}}{S^2} \sum_{j=1}^{n} W_{ij}(X_j - \bar{X}) \qquad (3-10)$$

式中各指标参数含义与全局 Moran's I 指数的表达式中一致，不难看出，全局统计指标与局部统计指标间存在 $\sum_{i=1}^{n} I_i = nI$ 的关系。

当局部 Moran's I 为正值且数值较大时，反映出区域单元 i 与相邻单元的人口、经济和环境污染的观测值存在较强的正空间自相关，呈现出局部空间集聚（高值集聚或低值集聚）；反之亦然，表明存在较强的负空间自相关性，表明区域单元 i 的人口、经济和环境污染的属性值相对于相邻单元为高值或者低值离群点。其中，若属性值相对于相邻单元为高值，称其为"热点"；反之为"冷点"。局部空间自相关与全局空间自相关相似，可以描述一个空间单元与其领域属性的相似程度，能够表示每个局部单元在方向和量级上服从全局总趋势的程度，并展示其空间异质性，说明社会属性的空间依赖是如何随位置变化而变化的。根据局部空间自相关计算结果，空间关联模式可细分为高高关联、低低关联（属于正的空间关联）以及高低关联、低高关联（属于负的空间关联）四种类型模式。

需要指出的是，全局 Moran's I 和局部 Moran's I 均是用基于样本数据计算的，需要对其进行显著性检验。

四、空间分布可视化分析

为了形象反映在经济发展背景下中国人口空间集聚和环境污染之间的关联，本书试图将数据与地理位置连接在一起，考虑要素之间的空间关系，从空间角度表达和分析各种数据。为此，在对数据的空间分布特征进行分析的基础上探究数值之间的相关关系，力图更准确地揭示经济发展背景下人口空间集聚和环境污染分布演变的趋势，探寻其发展规律。

五、空间计量分析方法

本研究利用空间相关性探究了人口和产业集聚以及生产和生活污染的集聚趋势，利用空间计量分析从空间上探究影响人口和产业集聚对生产和生活污染的影响。一般说来，空间计量模型有多种类型，本研究主要运用空间滞后模型（Spatial Lag Model，SLM）与空间误差模型（Spatial Error Model，SEM）两种。

（一）空间滞后模型（SLM）

空间滞后模型是考虑周边区域的生产和生活污染对研究区的生产和生活污染的影响，以空间滞后项的形式加入计量方程，形成的空间计量模型。空间滞后模型主要探讨以人口空间集聚为核心的各影响因素对生产和生活污染的影响在一个地区是否有扩散现象（或者称为溢出效应），其表达式为：

$$Y = \rho Wy + X\beta + \varepsilon$$

式中：Y 为生产和生活污染；X 为 $n \times k$ 的外生解释变量矩阵；ρ 为空间回归关系系数，反映了样本观测值中的空间依赖作用，即相邻区域的观测值 Wy 对本地区观测值 y 的影响方向和程度；W 为 $n \times n$ 阶的空间权值矩阵；Wy 为空间滞后因变量；ε 为随机误差项向量。

参数 β 反映了自变量 X 对因变量 Y 的影响，空间滞后因变量 Wy 是一内生变量，反映了空间距离对区域行为的作用，区域行为受到文化环境与空间距离有关的迁移成本的影响，具有很强的地域性。

（二）空间误差模型（SEM）

空间误差模型是考虑周边区域的解释变量对研究区的解释变量的影响，以空间误差项的形式加入计量方程，形成的空间计量模型。空间误差模型说明空间影响在模型的误差中，也就是将空间权重矩阵放在无法检测到的误差项中。

空间误差模型的数学表达式为：

$$Y = X\beta + \varepsilon \tag{3-11}$$

$$\varepsilon = \lambda W\varepsilon + \mu \tag{3-12}$$

式中：ε 为随机误差项向量；λ 为 $n \times 1$ 的因向量的空间误差系数；μ 为正态分布的随机误差向量；参数 λ 衡量了样本观测值中的空间依赖作用，即相邻地区的观测值对本地区观测值 Y 的影响方向和程度，参数 β 反映了自变量 X 对生产和生活污染为因变量 Y 的影响。

SEM 的空间依赖作用存在于扰动误差项之中，度量了邻接地区关于因变量的误差冲击对本地区观测值的影响程度。

第二节　中国人口集聚的空间分布格局

一、指标与数据选择

在了解中国人口空间集聚的空间分布特征之前，需要确定人口空间集聚指标。人口空间集聚通常是指某一特定地区特定时间人口集中的现象，往往用人口密度来反映。虽然利用人口密度来反映人口集聚程度简单、易行，但由于人口密度往往受到面积的影响，且掩盖了区域差异，使得人口比重较大的地区对全国的人口集聚程度起决定作用，弱化了人口比重小的地区的作用，无法全面揭示中国的人口空间集聚格局（或者说无法准确揭示中国人口空间分布不均衡状态）。为此，借鉴已有研究（王胜今，2017），本研究采用不均衡指数说明中国人口空间集聚分布格局。其计算公式如下：

$$AGG_P = \sqrt{\frac{\sum_{i=1}^{n}\left[\frac{\sqrt{2}}{2}(y_i - x_i)\right]^2}{n}} \tag{3-13}$$

式中：AGG_P 为不均衡指数；n 为研究单元数；y_i 为 i 地级市（区/县）人口占区域总人口的比重；x_i 为地级市（区/县）行政面积与区域总行政面积之比。

不难看出，AGG_P 的取值介于 $0 \sim 1$ 之间，若 AGG_P 越大，说明人口空间分布越集聚（或集中）；反之，则表明人口分布越均衡。数据来源于 2001—2019 年《中国城市统计年鉴》《中国区域统计年鉴》以及历年各地区的统计年鉴和发展统计公报，对于个别缺失的数据，本研究采用插值法进行填补。

二、中国人口集聚重心分析

假设某地域内每个居民的质量相等，在该地域全部空间平面上力矩达到平衡的一点即为人口集聚重心，其移动轨迹反映出一定时期人口空间分布的演变趋势。重心移动距离变化反映人口空间分布变化的剧烈程度，偏离方向表明空间现象的高密度部位。此部分利用空间重心模型，测算了 2000—2018 年中国人口集聚重心的地理坐标、偏心距离、移动距离、移动方向及演变轨迹，结果如表 3-1 和图 3-2 所示。

表 3-1　2000—2018 年中国人口集聚重心坐标及移动方向和距离

年份	重心坐标		移动方向	移动距离（千米）	偏心距离（千米）
	经度（东）	纬度（北）			
2000	108.857	33.357	——	——	3.925
2001	108.879	33.268	东南	10.180	3.909
2002	108.880	33.221	东南	5.207	3.912

续表

年份	重心坐标		移动方向	移动距离（千米）	偏心距离（千米）
	经度（东）	纬度（北）			
2003	108.761	34.895	西北	186.514	4.234
2004	108.715	34.942	西北	7.329	4.293
2005	108.468	35.046	西北	29.708	4.559
2006	108.535	34.839	东南	24.133	4.432
2007	109.071	34.792	东南	59.796	3.906
2008	109.172	34.739	东南	12.618	3.794
2009	109.148	34.772	西北	4.489	3.827
2010	109.077	34.967	西北	23.100	3.960
2011	109.545	34.752	东南	57.248	3.446
2012	109.543	34.621	西南	14.470	3.405
2013	109.476	34.672	西北	9.342	3.485
2014	109.517	34.633	东南	6.278	3.434
2015	109.250	34.710	西北	30.908	3.711
2016	109.339	34.357	东南	40.409	3.531
2017	109.407	34.276	东南	11.726	3.447
2018	109.514	34.330	东北	13.302	3.354

资料来源：结合历年《中国城市统计年鉴》数据，依据重心公式计算而来。

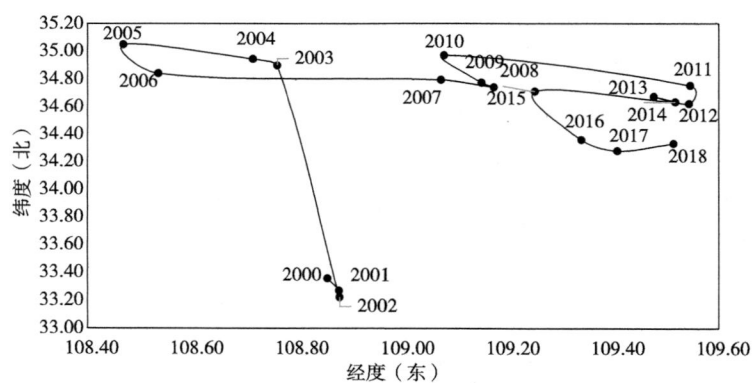

图 3 - 2   2000—2018 年人口集聚重心的空间演变轨迹分布

表 3 - 1 和图 3 - 2 展示了在 2000—2018 年考察期内，中国人口集聚重心的空间位置、移动方向和距离，展现了中国人口集聚重心的演变轨迹。计算结果表明：

第一，人口集聚重心偏离地理重心。2000 年以来人口集聚重心一直位于东经

108.40°和 109.60°之间，以及北纬 33.00°和 35.20°之间，始终位于地理重心（103.5°E，36°N）的东南方向。2000 年人口集聚重心与地理重心在经度上相差5.36°，在纬度上相差 2.64°，2018 年经度上相差 6.01°，纬度上相差 1.67°；可以看出，在 2000—2018 年，人口移动趋势与地理重心越来越偏离，但总体移动幅度相对较小。从静态来看，人口空间集聚重心和地理重心在经度上的差距大于纬度上的差距，说明中国人口分布不均衡差距东西方向大于南北方向。从长期来看，东西方向上的不均衡性是历史长期存在的结果，南北方向的非均衡性则是一个不断变化的动态过程。

第二，2000—2018 年人口集聚重心由（33.36°N，108.86°E）移至（34.33°N，109.51°E），向南移动了 0.97°，向东移动了 0.65°，可见中国人口集聚重心在经度上的变化比纬度上更平稳，再次说明东西方向上的不均衡性是历史长期存在的结果，南北方向的非均衡性则是一个不断变化的动态过程，这也说明胡焕庸线同样能充分展现中国人口集聚东西方向上的非均衡性。

第三，从图 3-2 可以看出，2000—2018 年中国人口集聚重心尽管某些年份出现波动，但总趋势偏向东南方向，即虽有局部的小调整，但总体格局没有发生根本变化，人口分布的不均衡态势依然趋于稳定。在 18 次的移动过程中，向西南方向移动 1 次，西北方向 7 次，东南方向 9 次，东北方向 1 次。由此可见，中国的人口集聚分布时空变化特征不尽相同，但向东南方向是人口集聚重心移动的主要趋势，反映出东南省区人口的集聚能力及其在整个中国经济社会发展中的核心地位。

第四，2000—2018 年人口集聚重心累计移动距离为 546.76 千米，年平均移动距离为 30.38 千米。从移动速度来看，波动较大，其中，2003 年、2007 年和 2011 年的移动速度在 50 千米以上，其他年份均在 41 千米以下。反映出人口集聚还未趋稳定，经济和环境等政策影响着人们的迁移，也影响着人口空间分布的状况。

第五，从偏心距离看，人口集聚重心偏离地理重心距离波动变化，人口集聚重心的非均衡性的变化特征为先变大后变小，偏心距离在 2000—2006 年波动增加，在 2007—2018 年逐渐减少，体现出中国不同地区不同时期空间力量的相互作用。

三、中国人口集聚空间相关性分析

人口集聚重心演变分析从全国视角阐明了人口要素移动的路径及集聚的趋势，但未能揭示在上述移动过程中各个省级行政区的变化特征及邻近地区之间的发展关系。以下利用全局空间自相关和局部空间自相关的空间统计分析方法，利用 GIS 地理工具，以省级行政区为空间单元，研究人口集聚的空间趋同与分异特征，计算出中国人口集聚全局莫兰指数（Moran'I），结果如表 3-2 所示，以期全方位了解人口集聚的空间变化现状与趋势。

表 3 – 2   中国人口集聚全局 Moran's I 指数

年份	Moran' I	P 值	年份	Moran' I	P 值
2000	0.143	0.027	2010	0.335	0.000
2001	0.143	0.026	2011	0.350	0.000
2002	0.129	0.036	2012	0.311	0.001
2003	0.271	0.001	2013	0.323	0.000
2004	0.294	0.000	2014	0.324	0.000
2005	0.277	0.001	2015	0.303	0.001
2006	0.264	0.001	2016	0.327	0.000
2007	0.308	0.000	2017	0.304	0.001
2008	0.305	0.001	2018	0.290	0.001
2009	0.289	0.001	Mean	0.276	0.001

资料来源：结合分析数据，利用 GIS 地理工具计算而来。

与以往的研究不同，本研究强调人口空间集聚情况。多数研究指出，人口规模全局莫兰指数通过了显著性检验（刘朝凤，2013；吴雪萍、赵果庆，2018），说明人口规模分布存在一定的空间关联。本书分析结果表明，2000—2018 年期间人口集聚的莫兰指数均大于 0，且在统计上都通过了显著性检验，即人口集聚呈现显著的空间正相关，各省区的人口集聚存在相互依赖现象。

四、中国人口集聚空间分布可视化图谱

为了进一步形象展示人口集聚的空间分布和演变情况，以下利用图形做进一步分析，以期更加形象地反映中国人口空间集聚分布特征与趋势，结果如图 3 – 3 所示。

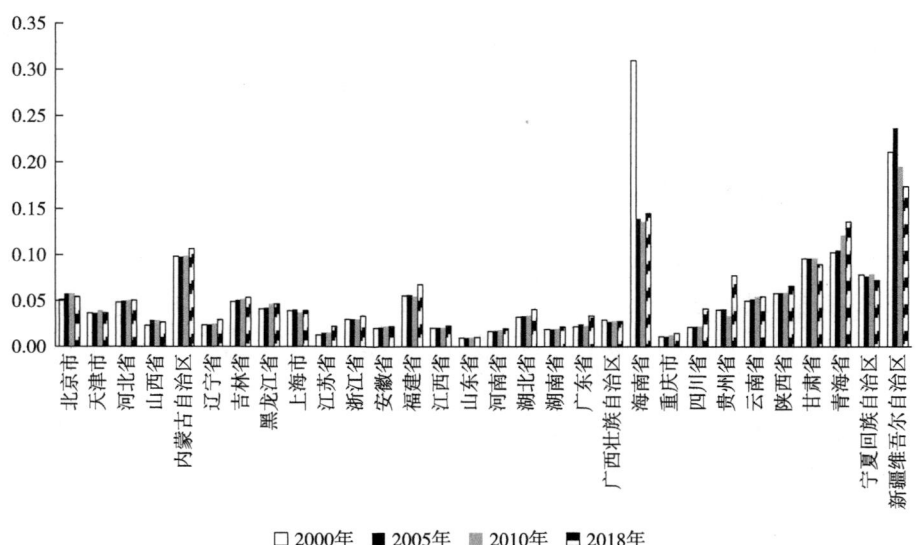

图 3 – 3   2000—2018 年中国人口集聚分布图

对比从图 3 – 3 可以发现，中国人口空间分布的变化情况比较稳定，但是某些年份某些区域，由于国家相关战略决策的实施和经济因素的驱动，人口分布呈现趋于集中或分散的趋势。整体上看，中国人口的分布格局并未发生很大变化，仍处于非均衡状态（即东南多、西北少的状态）；其中，还有个别省份发生了改变，如贵州和青海的人口不均衡指数变大，说明人口分布趋于集中，人口空间分布不平衡加剧，而海南和新疆的人口不均衡指数变小，说明人口分布相对较分散。

除此之外，可以观察到 2018 年人口在各地区内部的集聚状况，高人口集聚度往往出现在经济不发达、人口密度不高的地区，吉林、福建、贵州、云南及西北地区的青海、甘肃、陕西、宁夏、新疆符合这一特征，其人口集聚度较高。这类地区处于经济发展的欠发达时期，由于历史原因或政府行为，内部仅有极个别地区发展较好（通常是省会城市），地区内部人口大多倾向于向这极个别地区集聚，或者向省外流动以寻求更好的发展机会。因此，造成地区内部人口分布不平均，人口集聚度高。人口集聚度较低的地区为重庆，与人口集聚度较高的贵州相邻，重庆与贵州自然条件相似，地形崎岖，人口规模也接近，但重庆凭借其贯通南北、东西的海陆空交通枢纽的独特地位，国家五大中心城市之一的政策优势，城镇化率已超过 60%，而贵州城镇化率仅 42%，为全国倒数第二，两者发展存在巨大差距。人口不均衡指数表现出的人口的空间集聚情况，该指数在一定程度上可应用于不同城市的横向比较，不均衡指数表示不同时期全国人口空间分布的均衡性程度（由于数据的缺失，所以本文默认西藏的数据为 0）。本研究将不均衡指数来表征人口集聚水平，不均衡指数越大，表示人口空间分布越集中；不均指数值越小，则表明人口空间分布越均衡。

第三节　中国产业集聚的空间分布格局

一、指标与数据选择

此处依然借鉴区域经济学中对区域经济集中度衡量的方法，利用不均衡指数测算经济集聚程度，减少区（县）个数变化对人口和产业集聚程度的影响，弥补现有衡量指标存在无法比较以及区域行政调整对其有较大影响的不足。

$$AGG_I = \sqrt{\frac{\sum_{i=1}^{n} \left[\frac{\sqrt{2}}{2}(y_i - x_i)\right]^2}{n}} \tag{3 – 14}$$

式中，AGG_I 为不均衡指数，n 为研究单元数，y_i 为 i 地级市（区/县）工业生产总值占区域工业生产总值的比重，x_i 为地级市（区/县）行政面积占整个区域总行政面积的比重。

AGG_I 取值范围在 0 ~ 1，不均衡指数越大，表明经济分布越集中；反之，则表明经济分布越均衡。

二、中国产业集聚重心测度及空间演变

之所以引入产业集聚重心分析，是为了客观形象地解释对生产污染和生活污染不

同的影响机制和所具有的不同作用路径。生产和生活污染从本质上来说属于不同经济活动的产物，人口集聚和产业集聚虽然是两种不同的集聚形式，但具有一定的空间耦合性。为此，有必要引入产业集聚分析。产业集聚重心的分析可以帮助我们了解经济变量在一定经济区域中的发展方向和平衡问题。本书利用空间重心模型，测算了2000—2018年考察期内中国产业集聚重心的地理坐标、偏离重心距离、重心移动距离、移动方向及演变轨迹（见表3-3和图3-4）。

表3-3　2000—2018年中国产业集聚重心坐标及移动方向、移动距离、偏心距离

年份	重心坐标		移动方向	移动距离（千米）	偏心距离（千米）
	经度（东）	纬度（北）			
2000	111.311	31.884	—	—	2.223
2001	111.212	31.867	西南	11.073	2.302
2002	111.261	31.788	东南	10.315	2.329
2003	111.333	33.307	东北	168.971	1.466
2004	111.093	33.486	西北	33.264	1.686
2005	111.073	33.852	西北	40.755	1.730
2006	110.918	34.319	西北	54.638	2.010
2007	110.693	34.504	西北	32.328	2.290
2008	110.726	34.587	东北	9.907	2.296
2009	111.425	33.834	东南	114.157	1.380
2010	111.191	34.108	西北	40.052	1.679
2011	111.042	34.178	西北	18.326	1.844
2012	111.282	33.957	东南	36.210	1.549
2013	111.613	33.849	东南	38.760	1.200
2014	111.829	33.987	东北	28.492	1.042
2015	112.022	33.814	东南	28.870	0.798
2016	112.089	33.837	东北	7.841	0.744
2017	112.190	33.817	东南	11.416	0.643
2018	112.084	33.824	西北	11.759	0.743

资料来源：根据重心公式，结合历年《中国城市统计年鉴》数据计算而来。

表3-3和图3-4展示了在2000—2018年考察期内中国产业集聚重心的空间位置以及移动方向和距离，大体明晰了各省区产业发展不平衡的演变轨迹。计算结果表明：

第一，产业集聚重心偏离地理重心。2000年以来，我国产业集聚重心一直位于东经110.69~112.19°和北纬31.79~34.59°，一直位于地理重心（103.5°E，36°N）的东南方向，这与中国地理环境复杂，疆域辽阔密切相关。2000年产业集聚重心与地理重心在纬度上相差4.12°，在经度上相差7.81°；2018年纬度上相差2.18°，经度上相

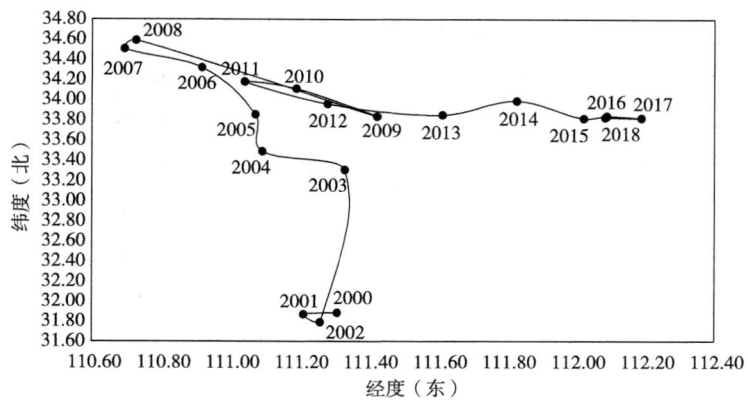

图 3 - 4　2000—2018 年中国产业集聚重心的空间演变轨迹分布

差 8.58°。从静态来看，产业集聚重心和地理重心在经度上的差距要远远大于纬度上的差距，说明中国产业在东西方向的差距远远大于南北方向，这在一定程度上与自然条件和社会经济发展历史有关。

第二，2000—2018 年产业集聚重心由（31.88°N，111.31°E）移至（33.82°N，112.08°E），向北移动了 1.94°，向东移动了 0.77°，从动态的移动速度来看，南北方向的移动大于东西方向，产业在南北方向的不均衡性进一步拉大。

第三，不同年份产业集聚重心的移动幅度也存在差异。2000—2018 年产业重心总共经历了 18 次移动。其中，7 次向西北方向移动，6 次向东南方向移动。从图 3 - 4 也可以看出，向东南和西北方向移动是产业重心移动的主要趋势（其中，东南地区经济发达且发展迅速）；国家为平衡区域发展，对一些区域实施相应的扶持政策，如西部大开发、振兴东北老工业基地、中部崛起等平衡区域发展战略以及国家最新实施的京津冀一体化的发展战略，旨在促进北部地区经济的发展，使首都圈可以像长江三角洲、珠江三角洲一样快速发展，发挥辐射作用，推动周边地区共同发展。这使得产业集聚重心向东南方向的移动得到一定程度的抑制，并在东南和西北方向反复徘徊。

第四，2000—2018 年产业集聚重心累计移动距离为 697.13 千米，年平均移动距离为 38.73 千米。但某些年份的移动距离要高于年平均移动距离，产业重心移动较快时说明中国经济处于扩张时期，反之处于紧缩时期或相对供给过剩时期。2009 年以前，移动速度波动较大，2009 年后移动速度渐趋平稳。

第五，从偏心距离看，产业集聚重心偏离地理重心的距离总体变化不大，产业重心的非均衡性变化不明显。产业集聚非均衡性的特征演变趋势为变小—变大—变小，体现出中国不同区域不同时间空间力量的相互作用。

三、中国产业集聚空间相关性分析

为考察中国区域产业集聚是否具有空间相关性，本书对中国产业集聚的全局莫兰指数加以计算，结果如表 3 - 4 所示。

表 3 - 4   中国产业集聚的全局 Moran's I 指数

年份	Moran's I	P 值	年份	Moran's I	P 值
2000	- 0. 003	0. 153	2010	0. 058	0. 007
2001	- 0. 003	0. 152	2011	0. 066	0. 004
2002	- 0. 007	0. 177	2012	0. 064	0. 006
2003	0. 048	0. 020	2013	0. 059	0. 009
2004	0. 055	0. 013	2014	0. 067	0. 005
2005	0. 064	0. 007	2015	0. 066	0. 006
2006	0. 078	0. 002	2016	0. 058	0. 007
2007	0. 080	0. 001	2017	0. 067	0. 005
2008	0. 076	0. 002	2018	0. 054	0. 016
2009	0. 055	0. 009	Mean	0. 058	0. 011

资料来源：结合分析数据，利用 GIS 地理工具计算而来。

表 3 - 4 显示了中国产业集聚的 Moran's I 系数。结果表明，虽然产业集聚水平在
2000—2018 年个别年份出现了空间依赖性不显著的情况，但是整体上产业集聚的
Moran's I 均为正，且在 5% 的显著性水平下通过检验，说明中国产业集聚表现出正向的
空间相关性。

四、中国产业集聚空间分布可视化图谱

为了进一步形象展示产业集聚的空间分布和演变情况，以下利用图形作做一步分析，
以期更加形象反映出中国产业空间集聚分布现实与趋势，结果如图 3 -5 所示。

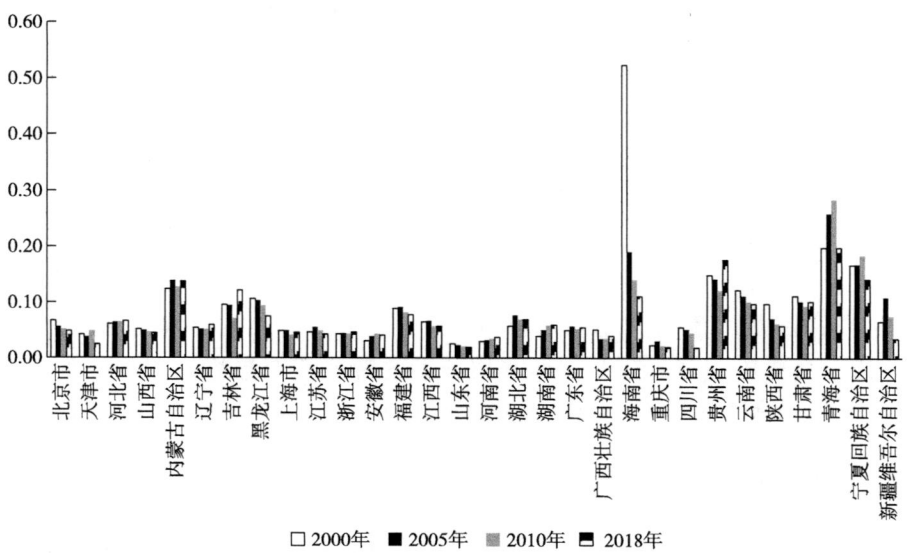

图 3 -5   2000—2018 年中国产业集聚分布图

产业不均衡指数表现出产业的空间集聚情况，不均衡指数 AGG_j 越大，该区域产业分布越集中，反之则表明产业分布越均衡。上图中不同颜色表示不同数值的产业不均衡指数。从图 3-5 中分析可得，整体而言，2000—2010 年中国产业集聚空间分布呈现西高东低态势，以西部资源型省份为高产业集聚中心向东部沿海过渡递减。中国经济建设早期，产业主要以资源密集型为主导，因此资源初始禀赋较高的西部地区，可以较早利用已有的自然优势，发展相应产业并且进一步扩大规模。2001 年，国家正式提出西部大开发战略，开始集中东部地区经济发展优势助力西部地区开发；截至 2005 年，西部地区产业集聚状态始终高于中部和东部各地。后续随着东部沿海城市资源型产业的转移，东部各地区尤其是东南沿海通过利用现有优势发展支柱产业，并且将产销研深度融合，产业集聚水平有所提高，全国产业集聚不均衡态势有所改善；随着西部产业集聚水平降低，而东部沿海地区在顺势而上，2018 年，东西方向的差异化逐渐缩小，更多表现为南北产业集聚水平高、中部产业集聚水平低的空间分布格局。

具体而言，内蒙古自治区以及青海省的产业集聚水平始终保持较高状态，并且依然是通过发展资源型产业带动而来。其中，内蒙古自治区由于矿产资源丰富，始终依靠传统产业（即煤炭产业）的发展带动地区经济，但是由于过度依赖自身资源，未来经济发展受限；因此在现阶段，内蒙古自治区以及青海省均通过发展高新技术产业，逐步转型，摆脱现有产业的束缚。新疆维吾尔自治区产业集聚水平先后经历了上升至下降的过程，这个过程与其自身的发展策略密切相关。西部大开发带动了地区产业的发展，新疆也在逐步发展生态产业，减少资源消耗型产业的占比，走出一条可持续发展之路，在 2010 年中以及 2018 年中产业集聚水平有所下降。东南部地区（如福建省、广东省、江西省），以及湖南省、湖北省等地产业集聚水平呈现良性发展态势，自 2000—2018 年始终维持在较高水平，高于中部沿海地区。在地区产业集聚分布图中，河南、山东以及安徽始终呈现较低水平，由于本身资源和环境约束以及地区主导产业不突出，地区产业集聚速度较为缓慢。

第四节　中国生产污染的空间分布格局

一、指标与数据选择

环境污染是一个综合整体的概念，现有研究通常选用工业三废中一个或几个具体污染指标衡量，但这样并不能全面反映环境污染整体状况。由于经济系统内的活动包括生产和生活活动两部分，经济系统的污染则相对应地包括生产污染活动和生活污染；集聚对环境质量的影响也可从生产和生活污染两方面来考察，而且人口和产业集聚引致的生产和生活污染侧重点不同。为此，本研究将从生产污染和生活污染两方面分别探讨。基于数据的可得性，选择工业废水排放量、工业废气排放量、工业二氧化硫排放量、工业烟（粉）尘排放量以及工业固体废物排放量五类工业污染物来综合度量生产污染，并利用熵值法进行计算，计算结果见本书书尾附录。

二、中国生产污染的重心测度及空间演变

污染重心是指在区域污染空间里的某一点，在该点各个方向上影响污染的"力量"能够维持均衡。它在一段时间内经纬度上的变化就表示了区域环境质量差异的动态演变过程，可作为宏观分析的区域某种属性的指标之一。国内学者对中国人口重心和经济重心研究相对较多，而对中国的环境污染重心的研究还较少，而环境污染重心可以反映出中国环境污染的空间位置、移动以及空间分布格局，计算中国的环境污染重心，可以反映出中国环境污染空间分布的整体情况。不仅如此，由于环境污染包括生产领域的生产污染和消费领域的生活污染，分开探讨将有利于对环境污染的全面把握和影响机制差异规律的探讨。因此，了解中国生产和生活污染重心移动的方向、距离等演变轨迹对于有效治理中国的环境污染，合理制定社会经济发展、人口分布以及生态环境的保护的政策具有重要的意义。

利用空间重心模型，本书测算了 2000—2018 年中国生产污染重心的地理坐标、偏心距离、移动距离、移动方向和移动轨迹（见表 3-5 和图 3-6）。

表 3-5　中国生产污染重心坐标及其移动方向和距离

年份	重心坐标		移动方向	移动距离（千米）	偏心距离（千米）
	经度（东）	纬度（北）			
2000	113.860	33.105	—	—	1.173
2001	114.010	33.164	东北	17.835	1.293
2002	113.974	33.100	西南	8.194	1.281
2003	113.817	33.104	西北	17.417	1.134
2004	113.749	33.111	西北	7.584	1.069
2005	113.917	33.267	东北	25.527	1.176
2006	113.911	33.342	西北	8.272	1.154
2007	113.839	33.295	西南	9.624	1.093
2008	113.920	33.352	东北	11.129	1.161
2009	113.866	33.369	西北	6.357	1.104
2010	113.722	33.566	西北	27.160	0.944
2011	113.686	33.976	西北	45.730	1.002
2012	113.483	34.087	西北	25.667	0.884

续表

年份	重心坐标		移动方向	移动距离（千米）	偏心距离（千米）
	经度（东）	纬度（北）			
2013	113.354	34.119	西北	14.799	0.806
2014	113.507	34.244	东北	21.998	1.004
2015	113.679	34.255	东北	19.089	1.141
2016	113.547	34.232	西南	14.821	1.025
2017	113.784	34.551	东北	44.095	1.416
2018	113.644	34.667	西北	20.173	1.410

资料来源：根据重心公式，结合历年《中国城市统计年鉴》数据计算而来。

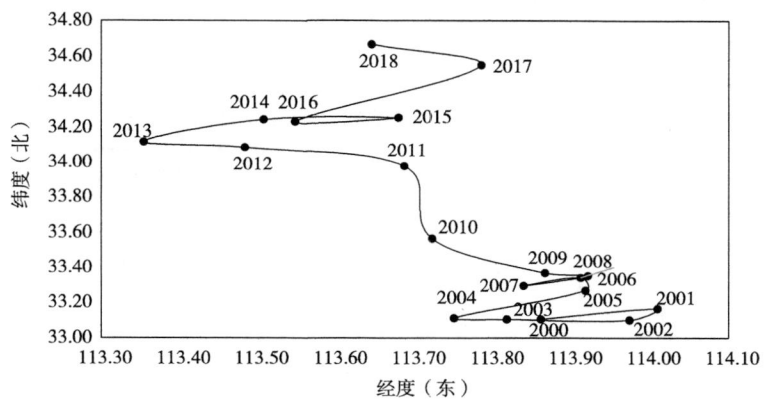

图 3-6 2000—2018 年中国生产污染重心的空间演变轨迹分布

表 3-5 和图 3-6 展示了考察期内（2000—2018 年）中国生产污染重心的空间位置、移动方向和距离，大体明晰了生产污染重心的演变轨迹。计算结果表明：

第一，生产污染重心空间分布偏离地理重心。2000 年以来，生产污染重心分布一直位于东经 113.35°~114.01°和北纬 33.10°~34.67°，一直位于地理重心（103.5°E，36°N）的东南方向，且 2000—2018 年考察期间表现出向地理重心方向移动的趋势。2000 年生产污染重心与地理重心在经度上相差 10.36°，纬度上相差 2.90°，2018 年在经度上相差 10.14°，纬度上相差 1.33°。由此可以得出，无论从静态看还是动态看中国生产污染重心，在经纬度上变化很小，说明生产污染重心一直以来处于相对稳定状态。

第二，2000—2018 年生产污染重心由（33.11°N，113.86°E）移至（34.67°N，113.64°E），向北移动了 1.56°，向西移动了 0.22°，可见中国生产污染重心在经度上的变化比纬度上平稳，生产污染重心在南北方向的非均衡性大于东西方向，说明污染重心空间分布的区间差异主要体现在南北方向。18 年间经度和纬度差距变化不大，生产污染重心空间分布趋于稳定。

第三，在 18 次的重心移动过程中，向西南方向移动 3 次，向东北方向 6 次，向西北方向 9 次。从图 3 - 6 也可以看出，东北和西北方向是污染重心移动的主要趋势，这些地区主要以能源消费为主，重工业发达，由此导致环境污染现象严重。

第四，2000—2018 年污染重心累计移动距离为 345.47 千米，年平均移动距离为 19.19 千米。从图 3 - 6 可以看出生产污染重心移动速度有所波动，但整体移动缓慢。

第五，从偏心距离看，生产污染重心偏离地理重心的距离相对较小，且近些年生产污染重心和地理重心的偏心距离波动增加，生产污染重心的非均衡性相对增加，但幅度较小。

第六，从图 3 - 6 可以看出生产污染重心移动方向变化的多样性。移动距离反映了中国环境污染空间分布的速率及环境污染发展变化的剧烈程度。总体来看，中国生产污染重心移动速度相对较小，空间分布趋于稳定状态。

三、中国生产污染空间相关性分析

为考察中国区域生产污染是否具有空间相关性，本书计算了生产污染的全局莫兰指数（Moran's I），结果如表 3 - 6。

表 3 - 6　中国生产污染全局莫兰指数（Moran's I）

年份	Moran's I	P 值	年份	Moran's I	P 值
2000	0.145	0.056	2010	0.213	0.013
2001	0.148	0.052	2011	0.273	0.002
2002	0.144	0.056	2012	0.260	0.003
2003	0.142	0.059	2013	0.260	0.003
2004	0.142	0.058	2014	0.282	0.002
2005	0.155	0.046	2015	0.304	0.001
2006	0.175	0.031	2016	0.280	0.002
2007	0.176	0.030	2017	0.289	0.002
2008	0.201	0.018	2018	0.327	0.000
2009	0.216	0.013	Mean	0.229	0.009

资料来源：根据相关数据和公式计算而来。

2000—2018 年，中国生产污染的全局莫兰指数值均通过了 10% 水平下的显著性检验，且均为正值，说明中国各省生产污染程度受邻近省份的影响显著，且均呈正相关，即中国普遍存在生产污染程度高的省份与生产污染程度高的省份相邻、生产污染程度低的省份与生产污染程度低的省份相邻的情况。由此可知，中国生产污染在省域级层面上具有稳定且显著的空间自相关特征，省域生产污染的空间分布是非随机的，并呈现出相似值之间的地理集聚现象。

由于生产污染具有全局空间自相关，为探讨各区域生产污染的空间是否存在空间异质性，计算了生产污染的局部莫兰指数（见图 3 - 7 和图 3 - 8）。可以看出，与 2000

年相比，2018 年生产污染局部空间关联程度并没有发生根本改变。2018 年处于生产污染高—高模式的地区有河南、辽宁、内蒙古、江苏、山西、河北和山东；处于低—高模式的地区有北京、上海、天津、吉林、海南、黑龙江、山西和安徽；处于低—低模式的区域有宁夏、新疆、浙江、福建、广西、青海、甘肃、湖北、湖南和云南；处于高—低模式的地区有四川和广东。

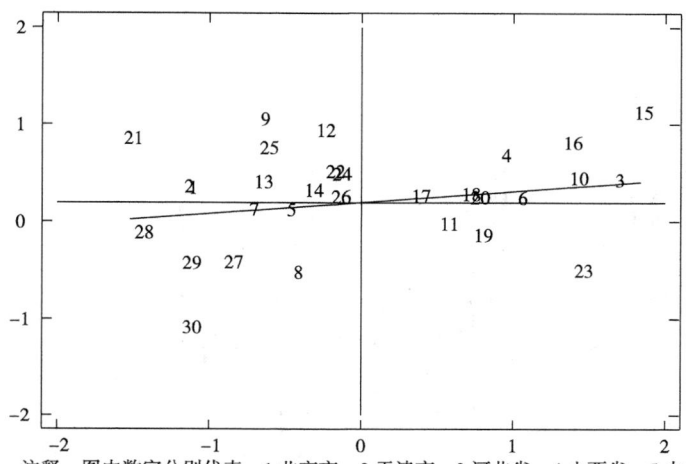

注释：图中数字分别代表：1.北京市；2.天津市；3.河北省；4.山西省；5.内蒙古自治区；6.辽宁省；7.吉林省；8.黑龙江省；9.上海市；10.江苏省；11.浙江省；12.安徽省；13.福建省；14.江西省；15.山东省；16.河南省；17.湖北省；18.湖南省；19.广东省；20.广西壮族自治区；21.海南省；22.重庆市；23.四川省；24.贵州省；25.云南省；26.陕西省；27.甘肃省；28.青海省；29.宁夏回族自治区；30.新疆维吾尔自治区。

图 3 - 7　2000 年生产污染局部莫兰指数散点图

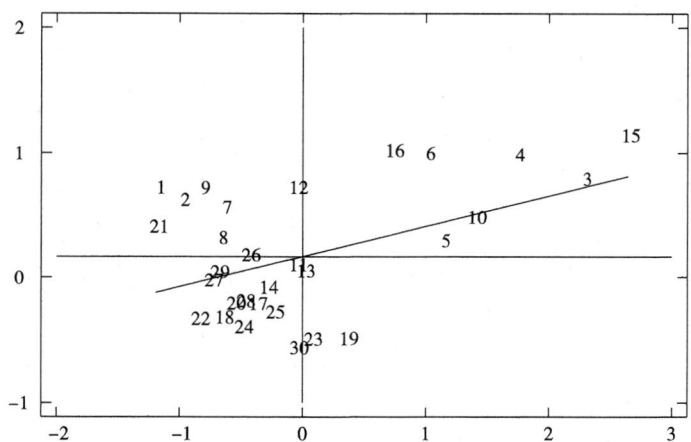

注释：图中数字分别代表：1.北京市；2.天津市；3.河北省；4.山西省；5.内蒙古自治区；6.辽宁省；7.吉林省；8.黑龙江省；9.上海市；10.江苏省；11.浙江省；12.安徽省；13.福建省；14.江西省；15.山东省；16.河南省；17.湖北省；18.湖南省；19.广东省；20.广西壮族自治区；21.海南省；22.重庆市；23.四川省；24.贵州省；25.云南省；26.陕西省；27.甘肃省；28.青海省；29.宁夏回族自治区；30.新疆维吾尔自治区。

图 3 - 8　2018 年生产污染局部莫兰指数散点图

四、中国生产污染空间分布可视化图谱

为了进一步形象展示生产污染的空间分布和演变情况，以下利用图形做进一步分析，以期更加形象地反映出中国生产污染的分布特征与趋势，结果如图 3 - 9 所示。

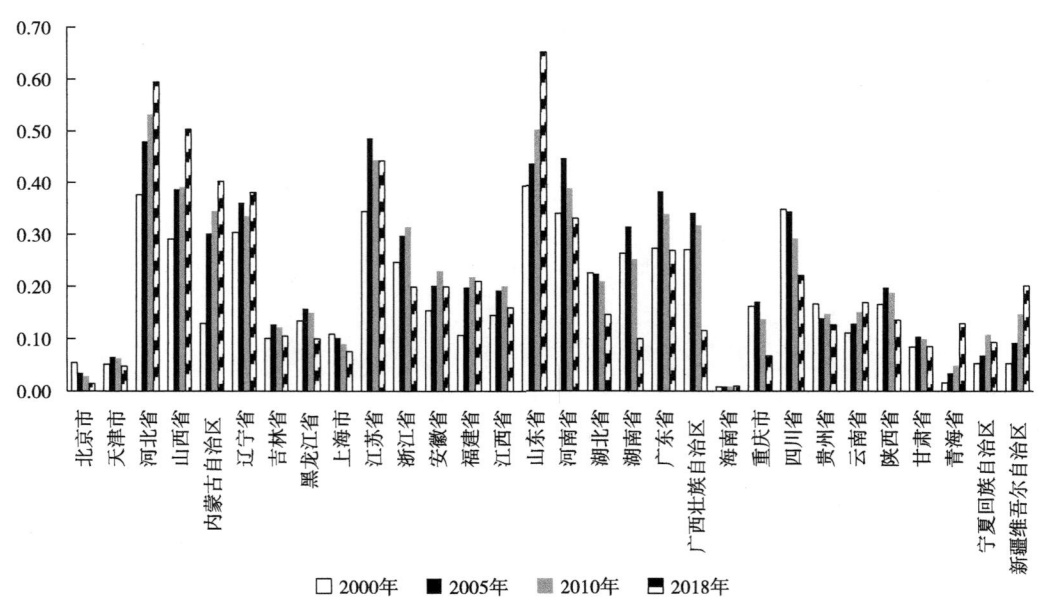

图 3 - 9　2000 年—2018 年中国生产污染分布图

生产污染的综合指数表现出生产污染的空间分布情况，生产污染的综合指数越大，表明该地区的生产污染越严重。本书主要描述并分别展现了 2000 年、2005 年、2010 年、2018 年中国生产污染的分布情况，图中不同颜色表示不同数值，从图 3 - 9 可得，生产污染持续增长的地区有海南、河北、江苏、辽宁、内蒙古、宁夏、青海、山东、山西、新疆和云南，大部分地区位于经济较不发达地区，这些地区急需提升经济增长，难免出现重视经济发展、轻视环境污染的情况；北京、上海和广东地区生产污染则呈现下降的趋势；此外，生产污染呈现持续下降的地区还有贵州、湖北、湖南、四川、天津和重庆。这与北、上、广三地作为中国高质量发展的排头兵，具有较高的环境质量需求，为此积极寻求工业转型，努力发展资本密集和技术密集型工业，减少污染密集型工业比重。贵州、湖北、湖南、四川、天津和重庆的生产污染的减少也与寻求工业结构转型、不断重视生态文明建设有关。

第五节　中国生活污染的空间分布格局

一、指标与数据选择

如前所述，环境污染是一个综合、整体的概念，由于经济系统内的活动包括生产活动和生活活动两部分，经济系统的污染则相对应地包括生产污染和生活污染，集聚对环境质量的影响也应从生产和生活污染两方面来考察。基于数据的可得性，选取生活污水排放量、生活二氧化硫排放量、生活烟尘排放量以及生活垃圾清理量指标来综合度量生活污染。利用熵值法计算生活污染综合指数，具体计算结果见本书附录。

二、中国生活污染的重心测度及空间演变

本书利用空间重心模型，测算了 2000—2018 年期间中国生活污染重心的地理坐标、偏离重心距离、重心移动距离、移动方向和移动轨迹，并绘制了演变路径图，结果如表 3 - 7 和图 3 - 10 所示。

表 3 - 7　中国生活污染重心坐标及其移动方向和距离

年份	重心坐标		移动方向	移动距离（千米）	偏心距离（千米）
	经度（东）	纬度（北）			
2000	112.763	34.516	—	—	0.960
2001	112.887	34.216	东南	36.059	0.669
2002	112.805	34.374	西北	19.814	0.8□9
2003	112.790	34.248	西南	14.089	0.693
2004	112.609	34.361	西北	23.679	0.823
2005	112.649	34.272	东南	10.824	0.728
2006	113.273	34.485	东北	73.270	1.053
2007	113.197	34.228	西南	29.772	0.792
2008	113.113	33.981	西南	28.983	0.542
2009	112.972	33.820	西南	23.752	0.329
2010	113.281	33.996	东北	39.581	0.670
2011	113.865	34.544	东北	88.904	1.470
2012	113.967	34.503	东南	12.204	1.521
2013	113.793	34.304	西南	29.429	1.251
2014	113.543	35.099	西北	92.635	1.723
2015	113.528	35.189	西北	10.144	1.737

年份	重心坐标		移动方向	移动距离（千米）	偏心距离（千米）
	经度（东）	纬度（北）			
2016	112.345	35.150	西南	131.486	1.652
2017	113.949	35.062	东南	178.508	1.909
2018	113.982	35.020	东南	5.947	1.896

资料来源：根据重心公式，结合历年《中国城市统计年鉴》数据计算而来。

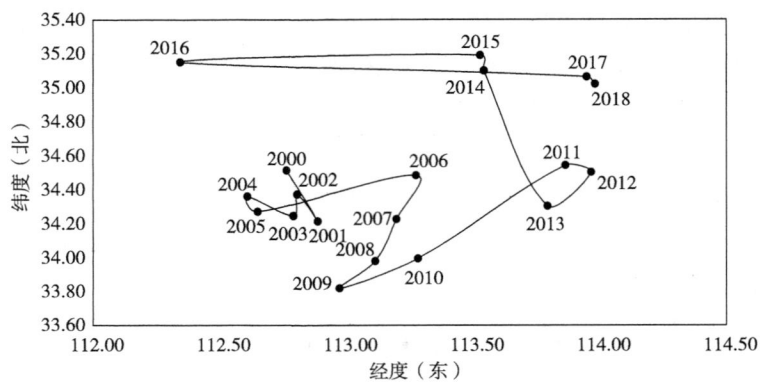

图 3 - 10　2000—2018 年中国生活污染重心的空间演变轨迹

表 3 - 7 和图 3 - 10 展示了各省级地区生活污染综合指数，反映了中国生活污染重心的空间动态演变轨迹，结果表明：

第一，生活污染重心偏离地理重心。2000 年至 2018 年，生活污染重心一直位于东经 112.35°～113.98°和北纬 33.82°～35.19°，位于地理重心的东南方向。偏心距离在 2000—2018 年期间持续增长但变动幅度不大，说明中国各省区生活污染差距并没有明显变化。

第二，2000—2018 年生活污染重心由（112.76°N，34.52°E）移至（113.98°N，35.02°E），向东移动了 0.50°，向北移动了 1.22°。从经度和纬度上来看，波动幅度不大。生活污染重心在东西方向上的变动幅度要大于南北方向上的变动幅度，在一定程度上表明，中国生活污染重心空间上的变动主要体现在东西方向。

第三，在 18 次的生活污染重心移动过程中，重心向西北方向移动 4 次，向东北方向则移动 3 次，向东南方向移动 5 次，向西南方向移动 6 次，移动最为频繁。由此可见，西南方向是生活污染重心移动的主要趋势，生活污染恶化的省份主要分布在西北和东南沿海，西北和东南方向的合力使得生活污染重心向西南方向移动。

第四，2000—2018 年生活污染重心累计移动距离为 849.08 千米，年平均移动距离为 47.17 千米。移动速度波动性较大，移动方向变换频繁。反映出生活污染分布还没趋于稳定，各地区生活污染程度还处于不断变化中。

三、中国生活污染空间相关性分析

为考察中国区域生活污染是否具有空间相关性，计算了生产污染的全局莫兰指数（Moran's I），结果如表 3 – 8 所示。

表 3 – 8　中国生活污染的全局莫兰指数（Moran's I）

年份	Moran's I	P 值	年份	Moran's I	P 值
2000	0.064	0.174	2010	0.059	0.201
2001	0.040	0.237	2011	0.128	0.067
2002	0.129	0.067	2012	0.205	0.015
2003	0.113	0.085	2013	0.176	0.028
2004	0.122	0.078	2014	0.371	0.000
2005	0.098	0.116	2015	0.378	0.000
2006	0.141	0.058	2016	0.120	0.083
2007	0.118	0.086	2017	0.291	0.001
2008	0.109	0.098	2018	0.256	0.004
2009	0.038	0.246	Mean	0.175	0.031

数据来源：根据相关数据和公式计算而来。

由表 3 – 8 计算结果可得，虽然生活污染在 2000—2018 年个别年份出现了空间依赖性不显著的情况，但是整体上生活污染的莫兰指数均为正，且在 5% 的显著性水平下通过检验，说明中国各省生活污染程度受邻近省份的影响显著，且均呈正相关，即中国普遍存在生活污染程度高的省份与生活污染程度高的省份相邻、生活污染程度低的省份与生活污染程度低的省份相邻的情况。由此可知，中国生活污染在省域级层面上具有稳定且显著的空间自相关特征，省域生活污染的空间分布是非随机的，并呈现出相似值之间的地理集聚现象。

由于生活污染整体上具有全局空间自相关性，为探讨各区域生活污染的空间是否存在空间异质性，计算了生活污染的局部莫兰指数，结果如图 3 – 11 和图 3 – 12 所示，由图不难看出，中国省级生活污染集聚中存高—高和低—低两种模式，在空间上存在显著的依赖性。其中，相对于 2000 年，2018 年中国省级生活污染在地理空间上的依赖性更强，处于低—高模式的地区有北京、天津、广西、安徽、吉林和海南，处于高—低模式的地区有江苏、贵州、广东，其余地区均处于高—高模式或低—低模式。

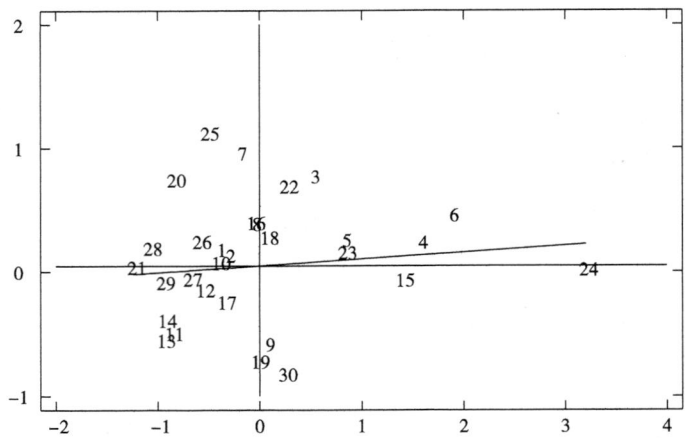

注释：图中数字分别代表：1.北京市；2.天津市；3.河北省；4.山西省；5.内
蒙古自治区；6.辽宁省；7.吉林省；8.黑龙江省；9.上海市；10.江苏省；11.浙
江省；12.安徽省；13.福建省；14.江西省；15.山东省；16.河南省；17.湖北省；
18.湖南省；19.广东省；20.广西壮族自治区；21.海南省；22.重庆市；23.四川
省；24.贵州省；25.云南省；26.陕西省；27.甘肃省；28.青海省；29.宁夏回族
自治区；30.新疆维吾尔自治区。

图 3 - 11   2000 年生活污染局部莫兰指数散点图

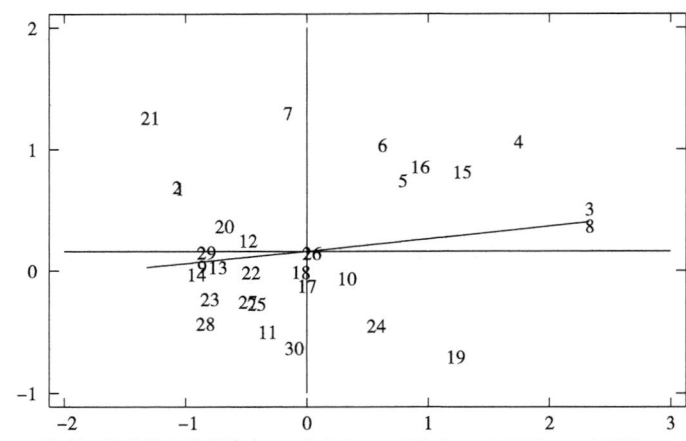

注释：图中数字分别代表：1.北京市；2.天津市；3.河北省；4.山西省；5.
内蒙古自治区；6.辽宁省；7.吉林省；8.黑龙江省；9.上海市；10.江苏省；
11.浙江省；12.安徽省；13.福建省；14.江西省；15.山东省；16.河南省；
17.湖北省；18.湖南省；19.广东省；20.广西壮族自治区；21.海南省；22.
重庆市；23.四川省；24.贵州省；25.云南省；26.陕西省；27.甘肃省；28.
青海省；29.宁夏回族自治区；30.新疆维吾尔自治区。

图 3 - 12   2018 年生活污染局部莫兰指数散点图

四、中国生活污染空间分布可视化图谱

为了反映考察期内中国各省生活污染水平的历史演变，本书将生活污染水平划分
为五个等级进行可视化描述，结果如图 3 - 13 所示。

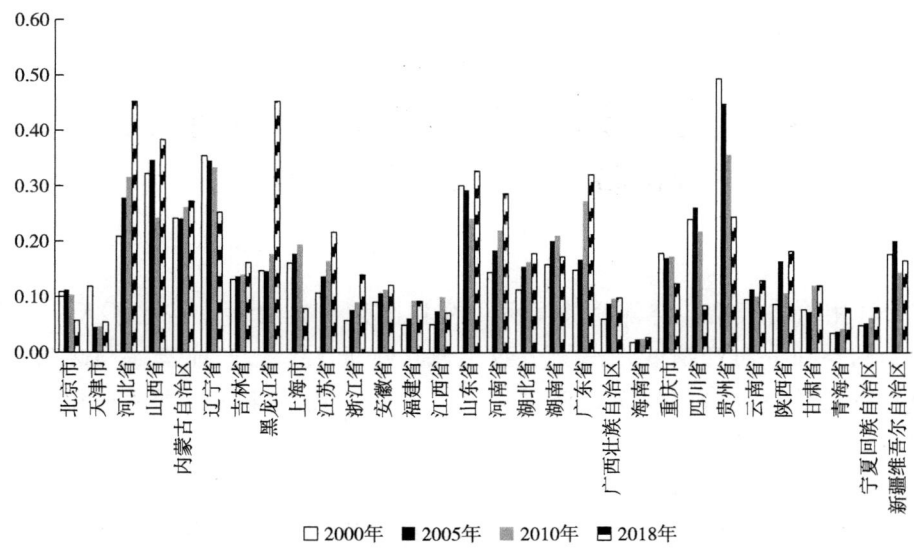

□ 2000年　■ 2005年　▨ 2010年　▨ 2018年

图 3 – 13　2000—2018 年中国生活污染分布图

　　由图 13 可得，中国大部分地区的生活污染排放有所增加，但广东、广西等地区的生活污染增长步伐正在逐渐放缓；北京、上海、天津、重庆、四川、贵州和辽宁等地区的生活污染有所改善。整体来看，生活污染较严重的地区多为中国中西部地区，而中国东部沿海地区的生活污染程度则较轻，说明随着经济的发展、人民消费水平的提高以及人们环保意识的提升，地区的生活污染将会有所改善。

第四章　经济发展背景下中国人口空间集聚与
环境污染的空间关联分析

前面利用重心模型、空间相关度和可视化图谱，直观形象描述了人口、产业、环境污染的空间分布和演变情况，大致了解了中国人口、产业集聚与环境污染的空间分布特征及演变趋势情况；但是，各自状况的描述性分析无法形象探究出人口集聚与环境污染的关联状况，为此，以下利用灰色关联度、空间耦合以及相关性分析方法分别论证人口集聚和环境污染之间是否存在关联。如上所述，人口总是在一定经济背景下的集聚，为此，此部分将与经济相关的指标放在分析框架当中，具体考察人口、产业及环境污染三者之间的动态联系，为客观、科学把握人口集聚对环境污染的影响奠定基础。

第一节　分析方法选择

一、经纬度相关性分析

相关性分析能够检验变量之间的相关密切程度，为此，此部分将相关性分析引入本研究，探讨变量之间在经纬度上的相关性，从而把握在经济发展背景下人口集聚与环境污染之间的关联，并在经度和纬度上计算变量之间的相关系数以度量两个随机变量在经度和纬度上的关联程度。相关性系数的取值范围为（-1，+1）。当经纬度的相关系数小于0且通过显著性检验，表示两因素之间呈现负相关；若大于0且通过显著性检验，则表示两因素呈现正相关关系。检验经纬度上的相关性，计算公式如下（$\bar{x}$ 和 $\bar{y}$ 为两变量的平均值）：

$$r_{xy} = \frac{\sum_{i=1}^{n} (x_i - \bar{x})(y_i - \bar{y})}{\sqrt{\sum_{i=1}^{n} (x_i - \bar{x})^2} \sqrt{\sum_{i=1}^{n} (y_i - \bar{y})^2}} \quad (4-1)$$

二、灰色关联度分析

灰色关联度分析是通过模糊相关聚类来衡量因素间关联程度的一种方法。根据因素之间发展趋势的相似或相异程度来判断两个因素变化趋势是否具有一致性。若计算出的灰色关联度高，说明因素之间存在同步变化，且程度越高，两因素之间的关联程度越高；反之亦然。具体计算过程如下：首先，通过选定参考数据列或母因素列，记

为 $x_0(k)$；被比较数据列或子因素列 $x_i(k)(k=1,2,3,\cdots,n;i=1,2,3,\cdots,n)$，每个数列在各时刻的值构成一个 n 维向量，如 $x_i(1)$，$x_i(2)$，$\cdots x_i(n)$ 是第 i 个数列向量，对一个参考数列 $x_0(k)$ 有几个比较数列 x_1，x_2，$x_3\cdots x_n$ 的情况下，可用下面公式表示各被比较曲线与参考曲线在各时点或时刻的差作为数列 x_i 对参考数列 x_0 在 k 时刻的关联系数，其中 ξ 是分辨系数，一般在 0 和 1 之间取值，通常取 0.5，称为两极最小差。具体计算公式如下：

$$\gamma(x_0(k):x_i(k)) = \frac{\min_i \min_k |x_0(k)-x_i(k)| + \xi \max_i \max_k |x_0(k)-x_i(k)|}{|x_0(k)-x_i(k)| + \xi \max_i \max_k |x_0(k)-x_i(k)|}$$

$$(4-2)$$

$$\gamma(x_0:x_i) = \frac{1}{n}\sum_{k=1}^{n}\gamma(x_0(k):x_i(k)) \tag{4-3}$$

三、空间耦合分析

空间耦合分析主要利用两重心在空间的耦合程度判断两因素之间的关联程度。一般从静态和动态两个角度来反映，可用重心在空间分布上的重叠性及其变动轨迹的一致性表示（樊杰等，2010），具体衡量指标为空间重叠性和变动一致性。其中，一般用两个研究对象的空间距离来度量空间重叠性，如果空间距离远表示重叠耦合性低，反之，则表明重叠耦合性程度高。空间重叠性的计算公式可表示如下：

$$S = d_{G_E G_P} = \sqrt{(x_E - x_P)^2} + \sqrt{(y_E - y_P)^2} \tag{4-4}$$

式中，E、P 表示两个研究对象，(x_E,y_E)、(x_P,y_P) 分别为 E、P 两个重心在相同年份的坐标。

变动一致性往往用两研究对象的重心相对上一时间点移动的矢量夹角来衡量，用 θ 表示，其中夹角 θ 的取值范围一般在 0° 和 180° 之间。若矢量夹角 θ 越小，表明变动越一致，反之亦然。通常用 θ 余弦值作为变动一致性指标（C），称之为变动一致性指数，其取值范围为（-1，1）。变动一致性指数 C 值越大，表明变动越一致。当 $C=-1$ 时，则表示研究对象的变动方向相反；$C=1$ 时，表示研究对象的变动方向正好相同。假设两重心较上一个时间点经度和纬度的变化量分别为 Δx 和 Δy，根据余弦定理，可计算变动一致性指数（C）：

$$C = \cos\theta = \frac{(\Delta x_E^2 + \Delta y_E^2) + (\Delta x_P^2 + \Delta y_P^2) - [(\Delta x_E^2 - \Delta y_E^2) + (\Delta x_P^2 - \Delta y_P^2)]}{2\sqrt{(\Delta x_E^2 + \Delta y_E^2)(\Delta x_P^2 + \Delta y_P^2)}}$$

$$= \frac{\Delta x_E \Delta x_P + \Delta y_E \Delta y_P}{\sqrt{(\Delta x_E^2 + \Delta y_E^2)(\Delta x_P^2 + \Delta y_P^2)}}$$

$$(4-5)$$

第二节　中国人口集聚、产业集聚与生产污染关联分析

一、中国人口集聚、产业集聚与生产污染的相关性比较分析

集聚在一定程度上是结构质量指标，在分析人口空间集聚对生产和生活污染的影响时，纳入规模指标是很有必要的，这样能从规模和质量两个方面揭示人口和经济对污染的影响。为了直观展示人口空间集聚与产业相关指标和生产重心轨迹的变化，绘制图4－1。从图4－1中可以发现：

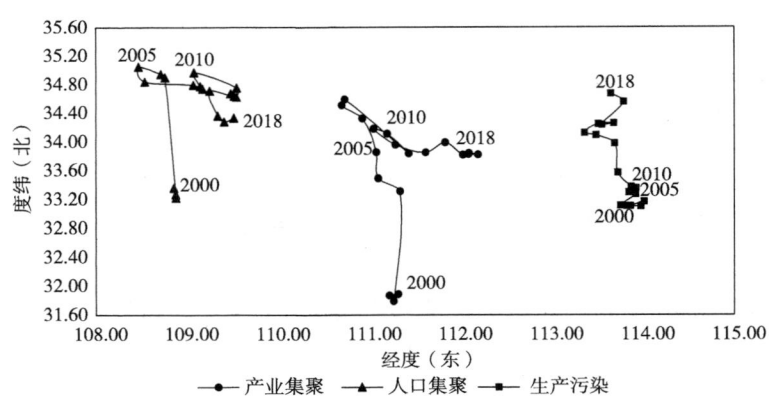

图4－1　中国人口集聚—产业集聚与生产污染重心的地理位置变化

第一，从整体空间格局来看，人口集聚和产业集聚重心与生产污染重心存在较大的偏离，移动轨迹也存在较大差别。其中，生产污染重心偏向于高纬度的西北方向，迁移速度慢，波动幅度较小。图4－1中，产业集聚重心的移动幅度明显大于人口集聚重心和生产污染重心。产业集聚重心和人口集聚重心存在偏离，说明中国人口集聚与产业集聚存在不一致的现象；这一方面与中国的地理环境密切相关，另一方面说明东南沿海社会经济的发展未能很好地吸纳中西部的人口，人口集聚与产业集聚存在偏离。产业集聚重心和生产污染重心的地理位置相对比较接近，说明经济发展会对环境污染造成一定影响，尤其是生产污染。与人口重心和产业集聚相比，生产污染重心变化幅度最小，空间分布较均衡稳定。

第二，人口集聚、产业集聚和生产污染重心在移动距离上存在差别，重心变化的剧烈程度顺序为：生产污染重心（345.47千米）＜人口集聚重心（546.76千米）＜产业集聚重心（697.13千米）。由此可以看出，产业集聚重心的移动速度大于人口集聚重心和生产污染重心，人口集聚和生产污染重心的移动距离较小，表明与人口和污染的流动性相比，资本更容易自由流动，由此产业集聚重心的变化程度相对比较剧烈。

第三，从经度上看，人口集聚、产业集聚和生产污染重心在经度上的变化比较平

稳，如图4-2所示。生产污染重心略微偏向东，但整体波动幅度不大，说明中国生产污染分布在东部且变化不大，生产污染空间分布在东西方向的差距还没有发生根本性改变，产业集聚重心和人口集聚重心有轻微地向高经度移动的趋势，说明了随着东部地区经济的不断发展，人口和产业集聚程度有所增加。除此之外，图4-2显示人口集聚重心、产业集聚重心和生产污染重心在经度上偏离程度较大；同时，整体上而言，人口集聚和产业集聚重心与生产污染重心的移动轨迹方向相反。

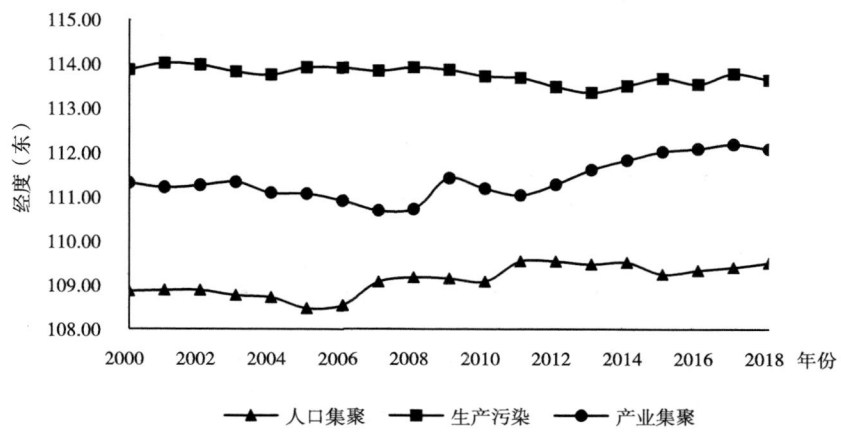

图4-2　中国人口—产业—生产污染重心在经度上的变动轨迹

第四，从纬度上看，生产污染重心的变动幅度比较小；同时，生产污染、产业集聚和人口集聚重心有向高纬度移动的趋势，说明中国高纬度的北部地区经济实力在不断增强，生产污染排放的总量较大。除此之外，生产污染、产业集聚和人口集聚在纬度上不断靠近，且变动趋势类似（见图4-3）。

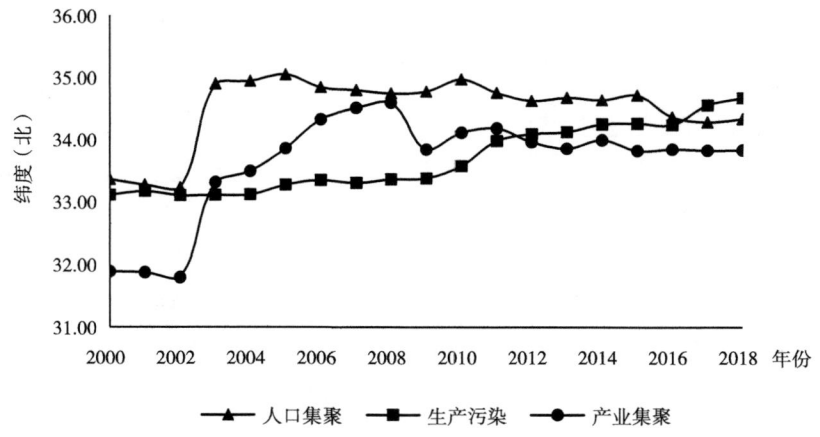

图4-3　中国人口—产业—生产污染重心在纬度上的变动轨迹

第五，通过计算人口集聚重心、产业集聚重心和生产污染重心在经纬度上的相关系数，可以直观判断三者之间的相关程度。从表 4 – 1 经度上的相关系数可知：从经度上来看，人口集聚重心与生产污染重心负相关，相关系数为 – 0.726 且显著；产业集聚重心与生产污染重心呈现负相关，相关系数为 – 0.506 且显著；从纬度上来看，产业集聚重心与生产污染重心呈现正相关，相关系数为 0.400 且显著；生产污染与人口集聚重心的相关性不显著。

表 4 – 1　人口集聚、产业集聚重心与生产污染重心的相关性

指标	生产污染重心	
	经度（东）	纬度（北）
人口集聚重心	– 0.726 ***	0.149
产业集聚重心	– 0.506 **	0.400 *

说明：*、** 和 *** 分别表示在 10%、5% 和 1% 水平下显著，下同。

二、中国人口集聚、产业集聚与生产污染的空间耦合分析

空间耦合性分析是在相关性分析的基础上对中国人口和产业集聚与生产污染重心之间的关联性展开的进一步分析，分析结果如表 4 – 2 所示。

表 4 – 2　中国人口—产业—生产污染的空间耦合分析

年份	污染与人口集聚		污染与人口规模		污染与产业集聚		污染与产业规模	
	重叠性	一致性	重叠性	一致性	重叠性	一致性	重叠性	一致性
2000	5.010		0.693		2.827		1.447	
2001	5.132	– 0.137	0.838	– 0.987	3.083	– 0.979	1.326	0.844
2002	5.095	0.865	0.777	0.930	3.013	0.492	1.368	– 0.288
2003	5.364	0.097	0.706	0.248	2.493	– 0.020	1.534	– 0.493
2004	5.357	0.771	0.693	0.318	2.683	0.858	1.590	0.325
2005	5.732	– 0.410	0.829	0.993	2.904	0.641	1.396	– 0.996
2006	5.581	– 0.973	0.892	– 0.110	3.149	0.972	1.408	– 0.231
2007	4.997	– 0.787	0.823	– 0.447	3.370	0.300	1.438	0.996
2008	4.947	0.458	0.906	– 0.555	3.424	0.838	1.315	– 0.060
2009	4.921	0.797	0.916	– 0.965	2.484	– 0.866	1.383	– 0.689
2010	4.851	0.961	1.061	– 0.128	2.588	0.997	1.557	0.811
2011	4.213	– 0.495	1.469	0.369	2.652	0.496	1.752	0.401
2012	3.976	– 0.466	1.590	0.542	2.206	– 0.971	1.921	0.957
2013	3.917	0.918	1.639	0.911	1.762	– 0.997	2.031	0.565
2014	4.009	0.127	1.747	– 0.931	1.698	0.993	2.026	– 0.939

续表

年份	污染与人口集聚		污染与人口规模		污染与产业集聚		污染与产业规模	
	重叠性	一致性	重叠性	一致性	重叠性	一致性	重叠性	一致性
2015	4.452	−0.943	1.765	−0.921	1.714	0.702	2.011	−0.115
2016	4.210	−0.077	1.755	0.812	1.511	−0.987	2.179	0.555
2017	4.386	−0.227	2.101	−0.997	1.755	0.432	2.410	−0.977
2018	4.144	−0.401	2.227	−0.067	1.773	0.808	2.605	0.050

资料来源：根据重心公式，结合历年《中国城市统计年鉴》数据计算而来。

为了探究人口空间集聚和生产污染之间的关联性，分别引入人口规模和产业规模指标来进行考察，即同时引入人口和产业的规模和集聚指标进行深入分析，采用空间重叠性和变动一致性两个指标判断人口和产业集聚空间耦合状况。通过分别计算人口和产业的规模和集聚重心与生产污染重心在2000—2018年期间的偏离距离变动和角度变动，探究人口和产业的规模和集聚与生产污染之间的关联性，由表4-2可得：

第一，从空间重叠性上来看，不管是人口指标还是产业指标，规模重心比集聚重心表现出更强的重叠性，其中人口规模与生产污染重心的重叠性明显强于产业规模，而产业集聚重心与生产污染重心的重叠性明显强于人口集聚。这在一定程度上说明与集聚重心相比，人口规模和产业规模的空间分布与生产污染的空间重叠性较强。

第二，从变动一致性上来看，不管是人口规模还是产业规模，变动一致性指数的结果为正向和负向相当，表明人口规模和产业规模与生产污染重心的偏离方向是不断波动的；产业集聚重心和生产污染重心的变动一致性十多年来多为正值，表明产业集聚和生产污染重心是多为同方向变动的；人口集聚重心和生产污染重心的偏离方向波动较大，表明人口集聚的变动和生产污染的变动没有持续的相同趋势。这在某种程度上进一步表明，无论是规模指标还是集聚指标，与生产污染排放之间的关系处在不断波动中；其中，产业集聚与生产污染之间的正向关系最为明显，即产业集聚程度越高，生产污染排放越多。

三、人口集聚、产业集聚与生产污染的关联测算

利用经纬度相关性分析，可以计算人口集聚、产业集聚和生产污染重心的经纬度相关系数，大体直观地判断出中国人口集聚、产业集聚和生产污染重心三者之间的关联程度。为了更详尽和直观地反映历年中国人口集聚、产业集聚、生产污染重心的关联性，利用灰色关联分析，同时引入人口和产业的规模变量，测算生产污染与人口、产业规模和集聚的具体关联程度，本书将中国2000—2018年生产污染重心的经纬度变动分别作为参考序列，对应年份的人口规模和集聚重心、产业规模和集聚重心的经纬度作为比较数列，测算环境污染重心与产业规模和集聚重心、人口规模和集聚重心在东西和南北方向变动的关联性。为了方便比较分析，首先采用均值法对参考数列和比

较数列做无量纲化处理，然后通过公式计算得到生产污染重心、人口及产业规模和集聚重心的经纬度关联矩阵，结果如表4-3所示。

表4-3　生产污染重心与人口和产业集聚重心的灰色关联矩阵

年份	经度（东）				纬度（北）			
	人口集聚	人口规模	产业集聚	产业规模	人口集聚	人口规模	产业集聚	产业规模
平均	0.377	0.934	0.551	0.686	0.691	0.573	0.730	0.656
2000	0.358	0.901	0.524	0.669	0.898	0.723	0.538	0.853
2001	0.352	0.856	0.501	0.692	1.000	0.697	0.521	0.830
2002	0.354	0.863	0.509	0.682	0.987	0.719	0.518	0.863
2003	0.355	0.906	0.531	0.653	0.435	0.713	0.929	0.879
2004	0.356	0.926	0.514	0.644	0.429	0.707	0.827	0.892
2005	0.338	0.896	0.497	0.686	0.437	0.669	0.730	0.771
2006	0.341	0.899	0.484	0.689	0.482	0.644	0.598	0.735
2007	0.369	0.923	0.471	0.682	0.483	0.659	0.540	0.749
2008	0.370	0.898	0.467	0.704	0.503	0.640	0.535	0.751
2009	0.372	0.928	0.535	0.694	0.500	0.626	0.782	0.738
2010	0.375	0.987	0.526	0.676	0.500	0.576	0.748	0.668
2011	0.403	1.000	0.515	0.681	0.659	0.488	0.930	0.557
2012	0.415	0.960	0.561	0.659	0.751	0.468	0.980	0.535
2013	0.419	0.920	0.619	0.646	0.743	0.462	0.886	0.519
2014	0.412	0.972	0.628	0.677	0.820	0.442	0.894	0.482
2015	0.387	0.989	0.631	0.707	0.787	0.439	0.794	0.461
2016	0.399	0.998	0.661	0.699	0.984	0.440	0.817	0.434
2017	0.389	0.943	0.640	0.753	0.884	0.395	0.674	0.381
2018	0.403	0.986	0.645	0.736	0.848	0.380	0.637	0.362

资料来源：根据相关数据结合灰色关联公式计算而得。

由表4-3可知，2000—2018年与生产污染重心平均灰色关联度系数在经度上的排序为人口规模重心＞产业规模重心＞产业集聚重心＞人口集聚重心，说明在经度上与生产污染重心关联度最强是人口规模重心，其次是产业规模重心。与生产污染重心的平均关联度系数在纬度上的排序为产业集聚重心＞人口集聚重心＞产业规模重心＞人口规模重心，说明在纬度上与生产污染重心关联度最强是产业集聚重心，其次是人口集聚重心。总的来说，从东西方向来看，与集聚重心相比，产业规模和人口规模重心与生产污染重心的关联性较强，说明产业规模和人口规模重心的变动对生产污染重心在东西方向上的迁移具有较强的带动作用；从南北方向来看，与规模重心相比，集聚重心与生产污染的关联性较强，说明产业集聚和人口集聚重心的变动对生产污染重心在南北方向上的迁移具有较强的带动作用。

第三节　中国人口集聚、产业集聚与生活污染关联分析

一、中国人口集聚、产业集聚与生活污染的相关性比较分析

为了直观展示和比较人口空间集聚和经济相关指标与生活污染重心移动轨迹的异同，绘制图4-4。由图分析可得：

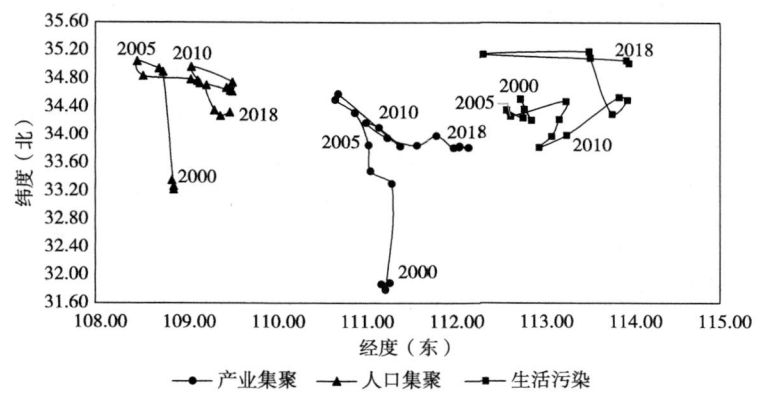

图4-4　中国人口集聚—产业集聚与生活污染重心的移动轨迹

第一，从整体空间格局来看，人口集聚和产业集聚重心与生活污染重心空间分布并不一致，且移动轨迹存在巨大差别。其中，各重心的移动距离排序为生活污染重心（849.08千米）＞产业集聚重心（697.13千米）＞人口集聚重心（546.76千米）。由于重心属性值不同，导致产业空间分布变化较人口更为剧烈，即产业集聚重心的移动距离大于人口集聚重心的移动距离。生活污染空间分布则波动较大，重心移动幅度最大。

第二，从经度上来看，人口集聚、产业集聚和生活污染重心在经度上的变化都比较平稳，但始终保持较大的偏离程度（见图4-5）。人口集聚重心略微偏向东，但整体波动幅度不大，说明中国人口分布在东部集聚变化不大，人口空间分布的东西差距还没有改变。同时，相对于产业集聚，人口集聚重心和生活污染重心之间具有类似的移动轨迹。从纬度上看（见图4-6），生活污染重心的变动幅度比较小，产业集聚和人口集聚重心有向高纬度移动的趋势，说明中国高纬度的北部地区经济实力在不断增强，对人口的吸引力也在不断增强。除此之外，虽然生活污染、产业集聚和人口集聚在纬度上的偏离程度较小，但是移动轨迹差异较大。

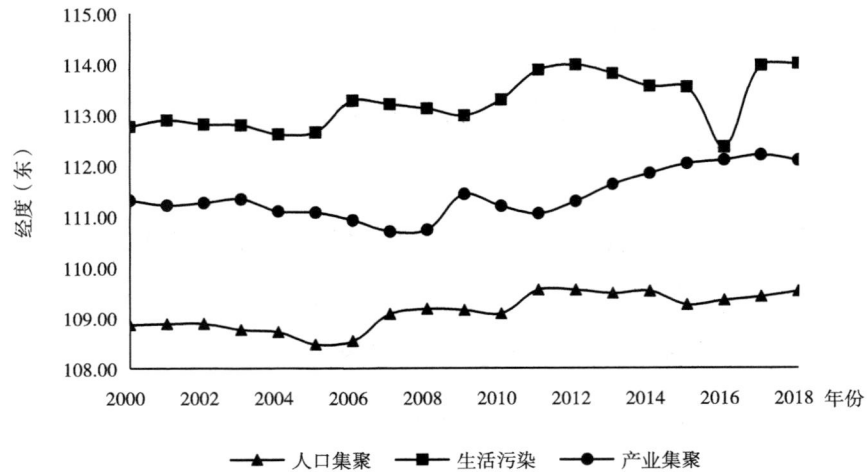

图4-5　中国人口—产业—生活污染重心在经度上的变动轨迹

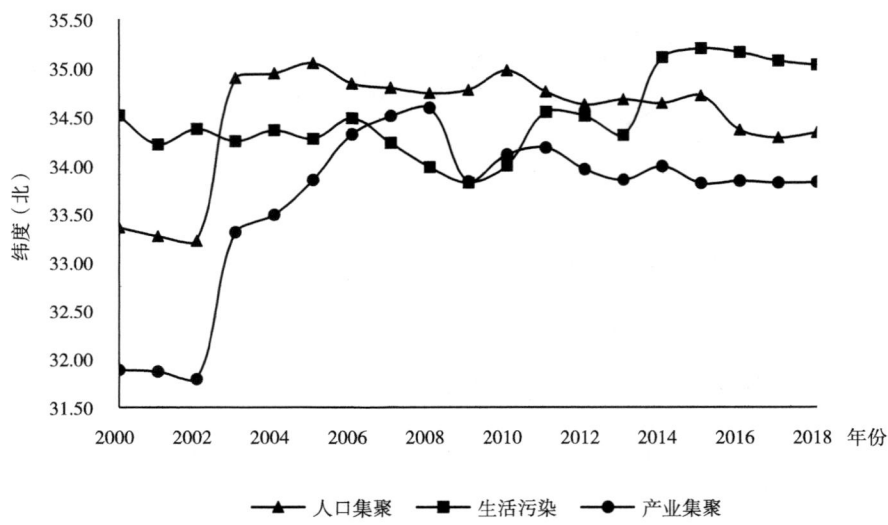

图4-6　中国人口—产业—生活污染重心在纬度上的变动轨迹

　　经过分析，可以初步判断人口集聚、产业集聚与生活污染重心的关系，但这些重心在经纬度上的变化并不完全同步，可能存在纬度上联系不强、经度上联系却密切的情况，这种情况耦合性分析无法处理。因此，为了解中国人口—产业与生活污染重心的在经纬度上不同的空间联系，本书分别计算出了人口—产业与生活污染重心在经度和纬度上的相关系数（见表4-4）。由表4-4经度上的相关系数可知：与生产污染明显不同，人口集聚重心与生活污染重心在经度上正相关，相关系数为0.709且显著。而产业集聚重心与生活污染重心相关系数不显著；从纬度上来看，生活污染与人口集聚重心和产业集聚重心的相关性不显著。

表 4 - 4　中国人口—产业—生活污染重心在经纬度上的相关系数

指　　标	生活污染重心	
	经度	纬度
人口集聚重心	0.709	- 0.122
产业集聚重心	0.288	0.046

2. 人口—产业—生活污染的空间耦合分析

为了进一步明晰中国人口—产业和生活污染重心的关联，以下将采用空间重叠性和变动一致性两个指标进行探讨；其中，空间重叠性一般用研究对象之间的空间距离表示，空间距离越近说明研究对象之间的重叠性越高，而变动一致性指两种重心相对上一时间点移动的矢量夹角，利用余弦角值的大小来判定变动情况。通过对计算所得到的人口—产业和生活污染的重心两两比较，进一步测算中国人口规模和集聚、产业规模和集聚与生活污染重心之间的空间耦合态势。通过表 4 - 5 可以得出空间重叠性和变动一致性的变化规律，对人口—产业和生活污染重心的耦合关系进行分析可以得出以下结论。

表 4 - 5　中国人口—产业—生活污染的空间耦合分析

年份	污染与人口集聚		污染与人口规模		污染与产业集聚		污染与经济规模	
	重叠性	一致性	重叠性	一致性	重叠性	一致性	重叠性	一致性
2000	4.074	—	2.148	—	3.005	—	3.051	—
2001	4.118	0.989	1.826	0.149	2.884	- 0.218	2.786	- 0.525
2002	4.091	- 0.897	2.007	- 0.209	3.012	- 0.997	2.961	- 0.637
2003	4.081	- 0.983	1.904	0.987	1.735	- 0.998	2.909	- 0.910
2004	3.938	0.972	2.085	- 0.131	1.751	0.996	3.102	0.707
2005	4.252	- 0.732	1.972	- 0.212	1.631	- 0.933	2.977	0.235
2006	4.751	- 0.014	1.985	0.937	2.361	0.008	2.578	- 1.000
2007	4.164	- 0.199	1.750	0.241	2.519	- 0.390	2.463	0.702
2008	4.013	0.153	1.531	- 0.041	2.462	- 0.999	2.322	- 0.539
2009	3.940	- 0.224	1.477	- 0.155	1.546	0.102	2.384	0.379
2010	4.315	0.167	1.533	1.000	2.093	- 0.189	2.156	- 0.673
2011	4.325	0.376	2.048	- 0.502	2.847	- 0.375	2.058	- 0.472
2012	4.425	0.358	2.024	- 0.638	2.740	0.935	1.923	- 0.985
2013	4.332	0.068	1.806	0.785	2.226	- 0.391	1.863	0.992
2014	4.053	- 0.873	2.599	- 0.008	2.043	0.264	2.703	- 0.669
2015	4.305	0.432	2.698	- 0.287	2.039	- 0.784	2.887	- 0.975

年份	污染与人口集聚		污染与人口规模		污染与产业集聚		污染与经济规模	
	重叠性	一致性	重叠性	一致性	重叠性	一致性	重叠性	一致性
2016	3.109	-0.213	2.949	0.725	1.338	-0.955	3.645	0.436
2017	4.610	0.686	2.628	-0.617	2.155	0.991	2.837	-0.363
2018	4.521	0.199	2.613	0.276	2.243	-0.665	2.832	0.162

资料来源：根据相关数据结合耦合性分析公式计算而得。

首先，从空间重叠性上来看，不管是规模指标还是集聚指标，人口重心与生活污染重心的重叠性波动较为剧烈；同时，人口集聚与生活污染重心的重叠性明显弱于人口规模。近十年来，重叠性有所减弱但并不明显。生活污染与产业规模和集聚重心表现出类似的重叠性，且产业集聚与生活污染重心的重叠性大于人口集聚与生活污染重心的重叠性。若从规模指标和集聚指标比较分析发现，人口和产业规模与生活污染的重心重叠性明显大于人口和产业集聚与生活污染的重叠程度。这在一定程度上说明与集聚指标相比，人口规模和产业规模与生活污染的一致性更强。

其次，从变动一致性上来看，无论是产业规模还是产业集聚指标，变动一致性指数为负值的次数过半数，且大部分负值的取值有向 -1 接近的趋势。但是，不可否认的是，在某些年份，产业集聚与生活污染重心也存在较强的同向变动趋势；同时，相对于人口规模指标，人口集聚与生活污染重心的变动一致性指数为正的次数过半数，即除个别年份向反方向移动外，多数年份都是同方向变动的，表现出变动的一致性。这是否在某种程度上进一步表明集聚和生活污染之间存在一定负向关系，人口和产业集聚有利于生活污染的治理。人口和产业的集聚是否有利于生活污染的治理在后面的研究中将进行证明。

除此之外，不难看出，虽然人口规模与生活污染重心的变动方向在相同和相反之间波动，但是当两者重心的变动方向为相同时，变动一致性指数的较大取值表明了人口规模越大，生活污染排放也越大，人口规模与生活污染排放之间是一种正向的关系。

三、人口集聚、产业集聚与生活污染的关联测算

前文已大体判断出人口、产业和生活污染在经纬度上的相关系数，为进一步分析生活污染与人口、产业的关联关系，以下将利用灰色关联度测算环境污染与人口、产业的具体关联程度。将 2000—2018 年生活污染的经纬度分别作为参考数列，对应年份的人口集聚重心、人口规模重心、产业集聚重心和产业规模重心的经纬度分别作为比较数列，测算生活污染与人口集聚重心、人口规模重心、产业集聚重心和产业规模重心的灰色关联度，计算结果如表 4-6。

由结果可知，2000—2018 年与生活污染重心平均关联度系数在经度上的排序为人口规模重心 > 产业规模重心 > 产业集聚重心 > 人口集聚重心，说明在经度上与生活污染重心关联度最强的是人口规模重心，其次是产业规模重心。与生活污染重心平均关

联度系数在纬度上的排序为人口集聚重心 > 产业集聚重心 > 产业规模重心 > 人口规模重心，说明在纬度上与生活污染重心关联度最强的是人口集聚重心，其次是产业集聚重心。从整体上来看，产业集聚重心、人口规模重心与生活污染的关联性最强，说明产业集聚空间分布和人口空间分布的变动对生活污染重心迁移具有较强的带动作用，意味着中国各地区生活污染变动的差异更多地体现在产业集聚程度高低和人口规模大小的差异上。

表4-6 生活污染重心与人口和产业集聚重心的灰色关联矩阵

年份	经度（东）				纬度（北）			
	人口集聚	人口规模	产业集聚	产业规模	人口集聚	人口规模	产业集聚	产业规模
2000	0.390	0.784	0.641	0.502	0.548	0.410	0.346	0.446
2001	0.384	0.820	0.606	0.514	0.598	0.449	0.373	0.496
2002	0.389	0.801	0.626	0.503	0.549	0.426	0.350	0.469
2003	0.383	0.798	0.640	0.499	0.687	0.441	0.599	0.495
2004	0.391	0.754	0.630	0.482	0.710	0.425	0.617	0.481
2005	0.374	0.747	0.621	0.495	0.646	0.444	0.774	0.484
2006	0.344	0.921	0.518	0.570	0.803	0.416	0.902	0.449
2007	0.377	0.894	0.502	0.564	0.716	0.450	0.841	0.487
2008	0.388	0.868	0.515	0.559	0.651	0.489	0.701	0.547
2009	0.395	0.814	0.625	0.541	0.597	0.513	1.000	0.580
2010	0.372	0.896	0.549	0.587	0.592	0.485	0.934	0.543
2011	0.366	0.946	0.472	0.695	0.878	0.407	0.797	0.451
2012	0.360	0.908	0.484	0.729	0.930	0.411	0.723	0.459
2013	0.366	0.969	0.538	0.702	0.796	0.437	0.759	0.484
2014	0.383	0.998	0.600	0.663	0.754	0.349	0.558	0.372
2015	0.368	1.000	0.632	0.661	0.749	0.341	0.505	0.353
2016	0.455	0.677	0.933	0.510	0.640	0.343	0.516	0.339
2017	0.354	0.893	0.593	0.777	0.642	0.349	0.530	0.338
2018	0.358	0.878	0.574	0.799	0.672	0.351	0.540	0.337
平均	0.379	0.861	0.595	0.597	0.692	0.418	0.651	0.453

资料来源：根据相关数据结合灰色关联公式计算而得。

第四节 本章小结

本章利用经纬度相关性分析、空间重叠性和一致性的空间耦合性分析，同时结合灰色关联度的分析方法，基于人口和产业的规模和集聚指标，详细分析了在经济发展背景下人口空间集聚与环境污染之间的关联性,得到以下结论。

第一,人口集聚、产业集聚与生产污染、生活污染在经纬度上存在明显不同的相关性。生产污染在经度上与人口集聚和产业集聚重心存在显著负相关,反映出人口和产业集聚程度高,生产污染并不高的事实。人口集聚与生产污染重心在纬度上并不存在显著相关性。而产业集聚与生产污染重心在纬度上则存在显著正相关,反映出生产污染重心与产业集聚重心在纬度上具有一定跟随性。相对于生产污染,生活污染在经度上与人口集聚存在显著正相关,而与产业集聚不存在相关性。在纬度上,生活污染与人口集聚和产业集聚均不存在相关性。

第二,不管是生产污染还是生活污染,人口、产业规模指标均比相关的集聚指标与环境污染的重叠性更高。但是,无论是规模指标还是集聚指标,其与环境污染重心的变动方向均在相同和相反方向之间不断波动变化。其中,相对于规模指标,无论是人口集聚还是产业集聚,与环境污染的耦合变动的正向的年数较多,即人口和产业集聚重心与生产和生活污染重心同方向变动的次数要多于规模指标与环境污染重心的同方向变动次数,在一定程度上说明人口和产业集聚对环境污染的加剧作用大于规模指标的作用。但是,不可否认的是,人口集聚和产业集聚与环境污染的耦合变动为负向的次数也并不少。

第三,灰色关联度分析可以比较与环境污染的各相关要素的关联大小。结果显示,不管是生产污染,还是生活污染,均与集聚指标在纬度上的关联性较强,说明人口集聚和产业集聚重心的空间分布对环境污染重心在南北方向上的迁移具有较强的带动作用。

综合来看,人口空间集聚与生产污染、生活污染存在一定的关联性,但与人口规模和产业规模和集聚指标相比,并没有体现出一致的关联性,表明在经济发展背景下,人口空间集聚与生产污染、生活污染的关联并无明显的规律,对此需要进行进一步的研究。

第五章　人口空间集聚影响环境污染的理论探讨

前面的章节从空间视角探讨了人口集聚与生产污染和生活污染之间的关系，同时，为了更加深入探究人口集聚与生产污染和生活污染之间的关系差异，引入了经济集聚或产业集聚的范畴，试图全面地把握人口集聚与生产污染和生活污染之间的空间关联，从而为总结和归纳人口空间集聚对生产污染和生活污染影响的机制差异奠定基础。以下将从理论层面探讨人口空间集聚对环境污染的影响机制，试图揭示人口空间集聚对环境污染究竟是阻力还是助力，即人口集聚是加重了环境污染还是缓解了环境污染。

第一节　人口空间集聚对环境污染影响的理论探讨

一般来说，经典 IPAT 理论和环境库兹涅茨曲线假说是分析影响环境质量因素最基本的理论。以下粗略回顾相关经典理论核心，为正确判断人口空间集聚对环境污染的作用机理奠定基础。

环境库兹涅茨曲线检验了环境污染与经济增长之间可能的相互关系，该研究指出，随着经济的发展，环境呈现出先趋于恶化的趋势，后期当经济发展到一定水平后，随着产业结构的调整、环境管制的进一步加强、环保技术的改进发展以及更大力度的环保投入，环境污染将得到治理，环境质量将趋于改善；可以用曲线表示经济发展和环境污染之间的关系（如同倒 U 形状），因为该曲线与反映收入差距演变过程的库兹涅茨曲线相似，因而被称为"环境库兹涅茨曲线假说"（Environmental Kuznets Curve）。

其后，在这一假说基础上，不少学者展开了实证研究，并给出各种相关解释，有的研究甚至得出了截然相反的结论（Stern et al，1996；Stern，1998，2004；Dinda，2004；Nahman & Antrobus，2005；Arnaut，2021）。环境库兹涅茨曲线假说的现实意义就在于：尽管在经济发展早期往往伴随着环境恶化和资源短缺，但是随着经济发展，环境污染问题最终能够解决，环境质量能够得到相应改善。环境库兹涅茨曲线表明，从长远来看，一个国家或地区改善环境质量的根本途径就是通过经济发展，促进国家和地区变得更加富有（Beckerman，1992）。

IPAT 模型最早由生态学者埃利希（Ehrlich，1972）提出，试图探讨人为因素对环境质量的影响，其指出：一个国家或地区对环境和生态系统的影响（I）是人口数量（P）、富裕水平（A）和技术水平（T）产物，即 I = PAT 模型。IPAT 模型也被称为环境压力控制模型，该模型的本质是测量人类活动对环境的影响和压力。从模型可以看出，在其他因素不变的情况下，人口规模增加（P）、人均收入水平或消费水平的提升（A）以及不断改进的技术（T），均将促使环境污染加剧、环境质量恶化。IPAT 模型简洁明了地解释了环境污染问题产生的根源，并假定人口、经济和技术等不同变量对环境质量的影响视为均等，是同质的。然而，事实上人口、经济增长和技术水平等因素在不同国家对环境问题产生影响的权重和概率有所不同。在经济不发达国家，人口因素可能是环境污染的主要影响因素，而在发达国家，则技术和富裕程度可能是环境污染恶化的主要影响因素。近年来，有关 IPAT 模型的经验研究不断发展，其中较有影响力的是在 IPAT 基础上发展的随机 STIRPAT 模型（Dietz & Rosa，1997），该模型克服 IPAT 环境等式中影响因素的同比例线性变化的局限性，将其修正为关于人口、富裕和技术对环境影响的随机影响模型，即 STIRPAT 模型（Stochastic Impacts by Regression on Population，Affluence，and Technology）。目前，STIRPAT 模型已经广泛应用于分析影响环境污染因素研究的实证研究（徐中民等，2005；龙爱华等，2006；王立猛等，2008；Arshed，2021；Liang，2020）。

可以看出，影响环境质量的因素复杂多样，且多种影响因素往往交织在一起。人口空间集聚作为社会经济发展的结果，同样也将对环境污染带来不同的影响效应。基于此，本书试图在人口空间集聚概念基础上，利用集聚的微观机制分析对环境质量的影响。

所谓人口空间集聚是指人口在特定空间内集中的过程。人口空间集聚往往会产生规模收益递增及由此带来的成本节约和收益提高。人口空间集聚往往通过共享、匹配和学习三种微观机制权衡环境正负外部性的综合作用结果。通常来说，人口空间集聚可以使供应商、消费者和服务商降低获取与利用共用设施的成本，这就是我们通常所说的共享机制，共享则是通过降低成本从而获取利益。匹配一般是指由于企业和工人彼此接近而带来的一种收益，即人口集聚程度越高，在一定程度上意味着工作和工人匹配的机会越高，这样寻找工作和寻找员工不仅更容易而且成本更低。学习涉及的是微观个体（企业和工人）间的信息和知识交换，通过空间集聚，能够促进创新的出现和扩散，而创新则对生产率产生着巨大的积极影响。因此，人口空间集聚可以通过共享、匹配和学习机制影响环境污染。共享机制从规模经济的角度决定着空间集聚的正的外部性；匹配机制从内生的要素配置效率上决定空间集聚经济的质与量；学习机制从技术或者知识外溢角度决定空间集聚的正外部性（Duranton & Puga，2004；Abel，2012）。

既然人口空间集聚具有共享、匹配和学习机制，那么在经典的 IPAT 等式和环境库兹涅茨曲线假说理论基础上，人口空间集聚究竟如何影响环境呢？从本质上来讲，人口空间集聚对环境的影响取决于人口集聚的共享、匹配和学习微观机制所产生的环境正负外部性综合作用的结果。

所谓集聚的环境正外部性是指各种要素和经济活动主体在集聚过程中通过共享、匹配和学习微观机制减少环境污染，改善环境质量。人口和产业等各种要素的集聚可以促进各类资源的利用率，减少重复建设对各类资源的占用，尤其是有利于公共设施的共享，降低企业或个人获取和利用资源和公共设施的成本；可以增加工作和工人匹配性，降低工作的搜寻成本，提高工作效率；更为重要的是，可以加快新知识和技术的产生，一定程度上促进生产和环保技术的更新，有利于环境污染的治理。集聚从本质上来说是一种成本的节约或优势。

所谓集聚的环境负外部性是指由于人口和产业等各种资源要素集聚所带来的成本提高和效率下降使得污染加剧。人口和产业等各种资源要素的集聚通常意味着人口规模扩大和各类经济社会活动快速增加，必然伴随着资源和能源的消耗需求增多，势必排放出更多的污染物，导致环境污染加剧。不仅如此，人口和产业等各种资源和要素在集聚过程中，在促进技术进步和创新的同时，若仅仅是提高了产出劳动生产率，而环境污染的治理技术和环保技术没有相应提高和创新，其结果将会增加单位时间的产出，扩大的生产规模也会会导致污染加剧、环境质量恶化。

基于此，本研究认为，人口空间集聚对环境污染的影响主要取决于集聚的环境正负外部效应的合力大小。依据边际收益递减规律可知，集聚的环境正外部性随着集聚水平的提高而递减，而负外部性则随着空间集聚水平的提高而递增。如果空间集聚的环境正外部性大于其负外部性，集聚是环境污染的阻力；反之，集聚是环境污染的助力。

比较集聚的环境正负外部性，主要产生以下三种情况。一种是随着集聚水平的提高，通过共享、分摊和学习机制提高资源利用效率，降低污染排放，实现环境污染治理的规模经济，正外部性大于负外部性（如图5-1情况一）。一种是随着集聚水平的提高，集聚的环境正外部性逐步显现，抵消集聚的环境负外部性，环境质量得到改善；但集聚不可能无限扩张，集聚到一定程度，各项成本不断增加，集聚的环境负外部性凸现，超过正外部性（如图5-1情况二）。一种是即使集聚水平不断提高，集聚消耗的资源和能源等产生的负外部性超过集聚所产生的正外部性，环境污染加剧（如图5-1情况三）。现实发展具体符合哪种情况依赖于不同要素集聚的程度和方式所产生的不同环境正负外部效应合力的大小，并随着经济发展水平、对外开放程度以及经济结构不同呈现出异质性。

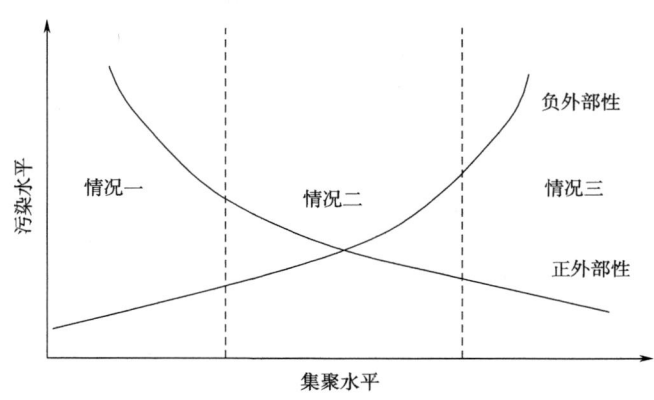

图5-1　集聚对环境污染的影响效应

需要指出的是，由于经济系统内的各类活动除了生产活动以外，生活活动是不可分割的一部分，因此经济系统的环境污染排放包括生产活动产生的污染排放和生活活动产生的污染排放两部分。传统观点总是认为，生产污染是造成环境污染的"真凶"，尤其是工业污染是环境污染的罪魁祸首，严重破坏了人与环境的和谐关系。从现实的发展来看，工业生产对环境污染的影响已经引起了人类的高度重视，各国政府也采取了相应的治理和改善措施。在当前中国经济形势下，经济发展正由过去投资驱动向消费驱动转变，随着家庭越来越小型化，家庭数目增多，家庭作为消费的主体，将产生更多的生活污染排放。换句话说，随着社会经济的转型，生活污染成为继生产污染后的环境污染的"主角"，但现有的研究更多关注生产污染。相对来说，利用经济手段（如排污收费、排污权交易等）针对的主要是企业。然而生活污染的治理则跟每个人都有着千丝万缕的联系，虽然政府一直在倡导绿色生活方式（如2008年6月1日起实施"限塑令"，在全国范围内禁止生产、销售、使用厚度小于0.025毫米的塑料购物袋，所有超市、商场、集贸市场等商品零售场所一律不得免费提供塑料购物袋），但效果依然不容乐观。从理论的角度上来看，在不同的社会发展阶段下，环境污染总是表现出阶段性特征，如表5-1所示。

表5-1   经济发展阶段的环境问题特点

环境问题	低收入	中等收入	高收入
污染效应	点源和局部工业污染，生活污染产生	工业废水、废气、废渣、热辐射大量产生，生活面源或区域性污染	噪声、光、电磁波污染，工业污染减弱，机动车污染严重

资料来源：根据相关文献整理而来。

在经济发展低收入阶段，环境问题主要表现为点源和局部工业污染以及生活污染开始产生；当经济发展到中等收入阶段，环境问题则更多体现为工业废水、废气、废渣、热辐射大量产生，同时产生生活面源或区域性污染，即生产污染和生活污染并存；当经济发展到高收入阶段，噪音、光、电磁波污染增加，工业污染减弱，机动车污染严重，更多为生活污染。简而言之，随着社会经济的发展，人们所面临的环境问题重点会存在不同，由此在治理和防治方面应该有所侧重。经济发展阶段的环境问题重点表现如图5-2所示。

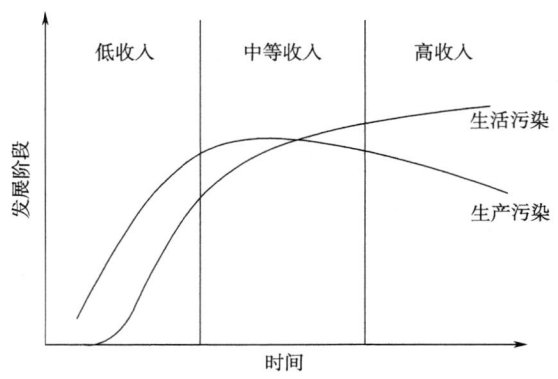

图5-2   经济发展阶段的环境问题侧重点表现

　　由于经济活动包括了生产活动和生活活动，相应的污染排放也包括生产和生活污染。由于生产污染和生活污染具有不同的特点，为此，人口空间集聚将通过学习、匹配和共享微观机制对生产和生活污染产生不同的环境效应，其作用机理见图 5-3。一方面，人口空间集聚通过共享、学习和匹配的微观机制促进生产工艺的改进和生产技术的提高，有利于生产方式的改变，特别是资源利用效用的提高，从而有利于减少生活污染的排放，促进自然资源的合理利用；另一方面，人口空间集聚通过共享、学习和匹配的微观机制，有利于从社会视角促进人们环保意识的提高，进一步促进环保技术的进步和环保投入的增强。

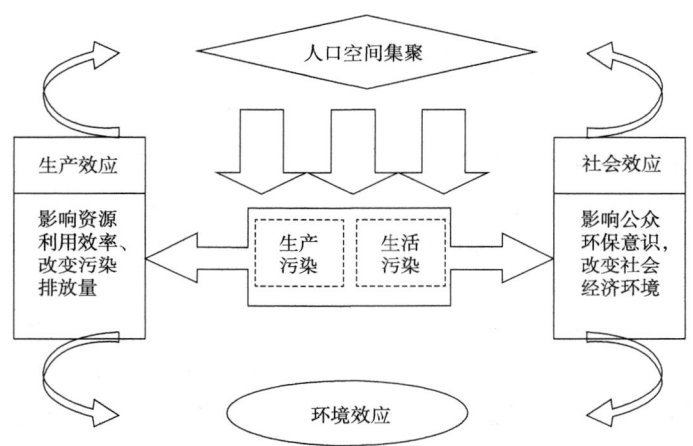

图 5-3　人口空间集聚影响环境类型机理图

　　总之，人口空间集聚主要通过共享效应、匹配效应以及学习效应作用于区域环境污染排放。从正外部性来看，集聚有助于深化劳动分工，提升人员素质，降低企业的交易成本、共享技术进步及知识溢出；在提高劳动生产率的同时，也带动了技术进步的加快以及创新效用的溢出，特别是环保技术的改进和治污技术的提高，降低了单个企业的排放总量和排放强度，聚集于城市的企业和各部门可以共同承担污染治理成本，从而降低单个企业的治污成本，提高企业治理污染的积极性，进而达到降低污染排放物的目的。更进一步地，集聚地可以促进产业结构不断升级及优化，促使经济结构向"低能耗、低污染、低排放"的经济结构转变，从而促进污染减排，有利于改善环境质量。伴随着劳动生产率的提高及产业结构的优化升级，居民的生活水平也随之提高，随之而来的是居民对环境质量的关注和环保意识的增强，这也会促使企业增强社会责任，努力减少污染排放，也有利于环境质量的改善。从负外部性来看，随着人口、产业等生产要素集聚于一定区域范围内，使得地区人口规模扩大、生产活动增加，这都将导致更多资源和能源的消耗，从而释放出更多的污染物，造成地区环境污染物的增加。集聚在发挥技术溢出效应时，若生产技术进步或创新仅是为了提高产出效率，而没有形成治污技术的提高和环保技术的创新，由此带来的结果仅仅是增加了产品单位时间产出，但却加重了环境污染，导致环境质量进一步恶化。

第二节　人口空间集聚影响生产污染的理论分析

中国已经进入了经济转型和社会转轨的关键时期，日益严重的环境问题加剧了经济健康转型和社会健康转轨的压力。由于经济活动包括生产活动和生活活动，与此对应的污染排放包括了生产污染和生活污染。生产污染，顾名思义，是指企业在生产过程中，由于排放废渣、废气、废水等对环境所造成的污染。本研究选择工业废水排放量、工业废气排放量、工业二氧化硫排放量、工业烟（粉）尘排放量以及工业固体废物排放量五类工业污染物综合来度量生产污染。

目前，环境经济学在探究环境质量或者环境污染的影响因素时，多数针对的是生产污染。通常，市场和政府是影响污染排放的主要影响因素。政府干预在环境质量，尤其是生产污染治理方面发挥了越来越重要的作用。党中央、国务院高度重视生态文明建设，习近平总书记多次强调，"绿水青山就是金山银山"，"要坚持节约资源和保护环境的基本国策"，"像保护眼睛一样保护生态环境，像对待生命一样对待生态环境"。李克强总理多次指出，要加大环境综合治理力度，提高生态文明水平，促进绿色发展，下决心走出一条经济发展与环境改善双赢之路。党的十八大以来，党中央、国务院把生态文明建设摆在更加重要的战略位置，纳入"五位一体"总体布局，作出一系列重大决策部署，出台《生态文明体制改革总体方案》，实施大气、水、土壤污染防治行动计划；把发展观、执政观、自然观内在统一起来，融入执政理念、发展理念中，生态文明建设的认识高度、实践深度、推进力度前所未有。政府干预将在生产污染治理中发挥着重要作用。同时，市场机制在生产污染排放和治理方面也发挥了积极作用，例如建立健全排污权初始分配和交易制度，落实排污权有偿使用制度，推进排污权有偿使用和交易试点，加强排污权交易平台建设；鼓励新建项目污染物排放指标通过交易方式取得，且不得增加本地区污染物排放总量。推行用能预算管理制度，开展用能权有偿使用和交易试点等，都是对市场机制在降低生产污染排放上积极的尝试。人口空间集聚将加深市场机制和政府干预在生产污染治理方面的作用，人口空间集聚将有利于政府发展理念的进一步传播和市场规模的扩大。

通常生产污染的产生是由于企业追求利益最大化。企业在产生污染的同时，并不承担相应的成本，且污染治理本身不创造价值，为了追求利润最大化，企业往往不会主动承担污染治理的成本，即生产外部性的结果。按照一般环境经济学原理，生产污染主要受生产规模和生产结构的影响。一般来说，空间集聚通常会产生较高的效率。高效率不仅体现在经济层面，对污染的治理同样存在集聚所产生的高效率。然而，高效率产生的主要原因正是空间集聚的共享、学习和匹配机制。所谓共享机制主要指供应商、消费者或服务商同地布局降低了获取与利用共用设施的成本；学习机制则指集聚引起的人与人面对面的信息和知识交换有利于知识产生、扩散和累积；而匹配机制则指集聚效应中生产组织的要素配置，要素结构与投入产出存在相对最优关系。一般认为，人口空间集聚的正外部性大于负外部性时，有利于生产污染的缓解，具体作用机制如图5-4。

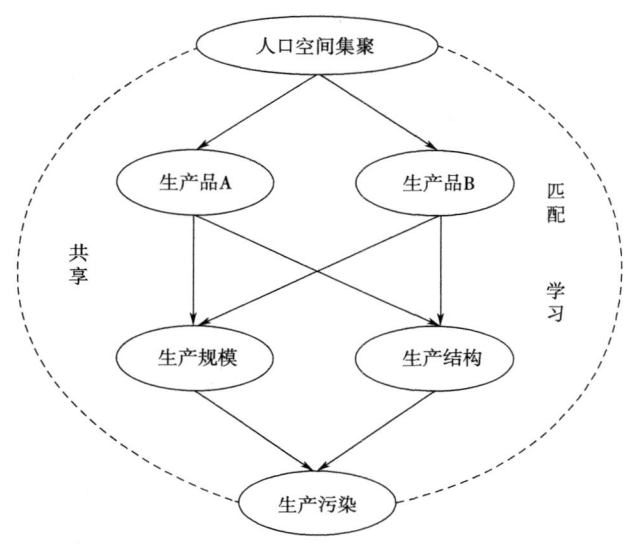

图5-4　人口空间集聚影响生产污染的作用机制图

第三节　人口空间集聚影响生活污染的理论分析

生活污染是与生产污染相对应的污染排放形式，主要指人们在社会经济生活中所产生的大量污染物。通常认为，人口是污染的制造者和解决者，从这个层面上来说，生活污染是与人口直接相关的。生活污染往往与人们的消费习惯和生活习惯密切相关，是人们在生活消费过程中所产生的各种污染物。相对于生产污染而言，生活污染具有其独特性，主要表现在以下几点。

第一，普遍性。只要有人类生存，必然就有生活和消费活动，必然伴随着生活污染。不仅如此，随着社会经济的发展，生活污染水平随着消费水平不断变化。

第二，滞后性。由于生活污染最初水平是在环境可吸纳的范围之内，因此，生活污染往往在短时期内不容易被察觉。但随着时间的推移和规模的扩大，生活污染的危害会逐渐显露。当社会经济发展到一定阶段，将超过生产污染，成为环境污染的"主角"。

第三，疏忽性。环境污染的治理往往集中在生产污染，但随着社会经济的发展，与生活消费密切相关的生活污染往往不被重视，往往认为生活污染处在环境承载范围之内，忽视生活消费中所产生的生活污染。基于生活污染的独特性，由于人口空间集聚意味着在特定范围内人口规模的扩大，生活污染必然加剧。但如前所述，人口空间集聚具有学习、匹配和共享微观机制，更为重要的是，通过人口空间集聚能够形成要素结构与投入产出存在相对最优关系的匹配机制,将产生环境的正外部性,有利于减少污染治理的成本,并有利于污染治理技术的改进;为此,从理论上来讲,人口空间集聚总体上应该是有利于缓解生活污染的。值得注意的是,人口集聚的学习、匹配和共享机制发挥作用需要一定的规模和时间,并不能在短时间内发挥作用。从短期来看,人口空间集聚将直接导致生活污染的增加,但长期来看,将有利于生活污染治理,有利于降低生活污染。人口空间集聚在现实中是否真的有利于缓解生活污染则取决于人口空间集聚产生的正负外性力量的权衡,与消费规模和消费结构密切相关。人口空间集聚具体作用机制如图 5 – 5 所示。

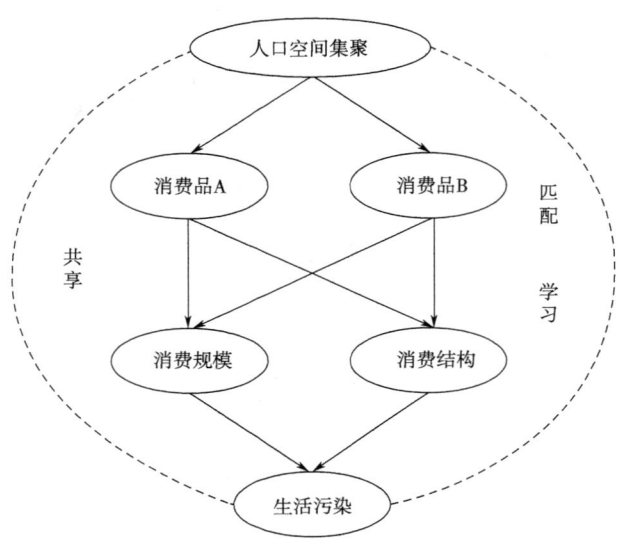

图 5 – 5   人口空间集聚影响生活污染的作用机制图

人口空间集聚有利于健康消费方式和生活方式的快速传播。一般认为,不适宜的消费方式或生活方式是触发日常消费型生活污染的导火索。消费方式和生活方式具有不可逆转性,由俭入奢易,由奢入俭难,受许多广告、促销及优惠政策的影响,消费者很容易进行更多、更高档、更标新立异的消费。社会学提出了炫耀性消费的概念,也在一定程度上说明消费可能引发的生活污染加重的问题。工业化获得了自激励的加速机制,制造出一个日益看涨的生活标准,迫使人们向它看齐;鼓励一种非生态的生活方式和消费理念,大批一次性用品的开发以及过度包装等,既浪费了资源,又造成了生活污染物排放的增加。英国著名学者舒马赫说过:消费得越多,胃口就越大,越变本加厉地向自然索取,不断刺激起来的高消费必然对环境做一次次的透支。人类只有一个地球,它不可能无限透支下去。立足于在有限环境中永久地无限制扩张的生活方式不可能持久,它追求的扩张主义的目的越是成功,它的寿命也就越短。在人口空间集聚状态下,不健康的消费和生活方式无疑加大传播程度,也将增加生活污染物的排放。

第四节　本章小结

任何污染都不会凭空而生。一般我们所谈及的环境污染多是由于粗放型的经济发展方式所致，但生活污染往往不被重视。可以预见的是，未来随着城市化的快速发展和人口空间集聚水平不断增加，生活垃圾等生活污染物将代替工业生产污染物成为首要污染源，消费行为和消费方式对生活污染的影响将会进一步显现，生活污染将成为未来环境保护的难题与重中之重，环境问题的解决方案将发生翻天覆地的变化。政府相关部门必须重视这个问题，同时也要正视这个问题，对症下药，在改善生态环境的同时提升人们的生活质量，推动社会实现持续、快速、健康的发展。人口空间集聚将对生产和生活污染带来不同的影响。

人口空间集聚作为一种提高效率和降低成本的系统力量，对环境的影响归结为通过集聚的共享、匹配和学习三种微观机制，形成环境正负外部性的综合作用结果。一方面，人口空间集聚将通过共享、学习和匹配的微观机制促进生产工艺的改进和生产技术的提高，有利于生产方式的改变，特别是资源利用效用的提高，从而有利于减少生活污染的排放，促进自然资源的合理利用；另一方面，人口空间集聚将通过共享、学习和匹配的微观机制，有利于从社会视角促进人们环保意识的提高，进一步促进环保技术的进步和环保投入的增强。但不可否认的是，人口空间集聚意味着在特定范围内人口规模的扩大，有利于经济增长，是否真的有利于缓解生活污染则取决于在控制经济规模和经济结构等因素基础上，人口空间集聚产生的环境正负外部性力量的权衡。

总之，人口空间集聚主要通过共享效应、匹配效应以及学习效应作用于区域环境污染排放。从正外部性来看，人口空间集聚有助于深化劳动分工，提升人员素质，降低企业的交易成本和共享技术进步及知识溢出，特别是环保技术的改进和治污技术的提高，降低了单个企业的排放总量和排放强度。聚集有利于人们和企业共同承担污染治理成本，从而降低单个企业的治污成本，提高企业治理污染的积极性，进而达到降低污染排放物的目的，有利于环境质量改善。从负外部性来看，随着人口、产业等生产要素集聚于一定区域范围内，使得地区人口规模扩大、生产活动增加，这都将导致更多资源和能源的消耗，从而释放出更多的污染物，造成地区环境污染物的增加，具有负向规模效应。不仅如此，集聚在提高产出效率的同时，如果没有治污技术的提高和环保技术的创新，无疑将加重环境污染，导致环境质量进一步恶化。

第六章　中国人口空间集聚对环境污染的实证分析

人口空间集聚作为一种提高效率和降低成本的系统力量，对环境的影响归结为通过集聚的共享、匹配和学习三种微观机制权衡环境正负外部性的综合作用结果。

第一节　分析方法选择

不同地区的属性值存在一定的联系，且该联系的强弱与地区之间的距离呈正相关（Tobler，2016）。在此背景下，利用传统的计量方法对模型进行估计得到的结果是有偏的（LeSage，2008）。考虑到污染排放存在一定的空间溢出效应（祝伟，2021；邵帅，2016；马丽梅，2014），在对人口和产业集聚的环境污染效应进行估计时，需要引入空间计量模型。对于空间计量模型而言，空间杜宾模型（SDM）同时考虑了地区间的被解释变量和解释变量的空间效应，即地区的被解释变量不仅受到自身社会情况的影响，还会受到其他地区社会发展情况的影响，这也是空间滞后模型（SAR）和空间误差模型（SEM）无法实现的（祝伟，2021）。杜宾空间模型可以表示如下：

$$Y = C_n + \lambda WY + \beta X + \alpha WX + \varepsilon \qquad (6-1)$$

由公式（6-1）可得，

$$(I_n - \lambda W)Y = C_n + X\beta + WX\alpha + \varepsilon \qquad (6-2)$$

$$Y = \sum_{r=1}^{k} S_r(W)X_r + C_nV(W) + V(W)\varepsilon \qquad (6-3)$$

式中，

$$V(W) = (I_n - \lambda W)^{-1}$$
$$S_r(W) = V(W)(I_n\beta_r + W\alpha_r)$$

公式（6-3）可以扩展为：

$$\begin{bmatrix} Y_1 \\ Y_2 \\ \vdots \\ Y_n \end{bmatrix} = \begin{bmatrix} s_r(W)_{11} & s_r(W)_{12} & \cdots & s_r(W)_{1n} \\ s_r(W)_{21} & s_r(W)_{22} & \cdots & s_r(W)_{2n} \\ \vdots & \vdots & \vdots & \vdots \\ s_r(W)_{n1} & s_r(W)_{n2} & \cdots & s_r(W)_{nn} \end{bmatrix} \begin{bmatrix} X_{1k} \\ X_{2k} \\ \vdots \\ X_{nk} \end{bmatrix} + C_nV(W) + V(W)\varepsilon \qquad (6-4)$$

式中：X_{nk} 的系数矩阵的对角线元素为地区内部 X 对 Y 的影响，即直接效应；X_{nk} 的系数矩阵的非对角线元素为其他地区 X 对地区 i 的 Y 的影响，即间接效应。

第二节　计量模型设定

本研究将以经典的 STIRPAT 模型和环境库兹涅茨曲线为基础（Dietz & Rosa，

1997；Grossman & Krueger，1995），结合已有的研究文献，兼顾人口规模、经济结构、技术及对外开放对环境的影响，建立以下基本计量模型：

$$\text{Pollu}_{it} = \beta_0 + \beta_1 \text{SCALE}_{it} + \beta_2 \text{SCALE}_{it}^2 + \beta_3 \text{POP}_{it} + \beta_4 SEC_{it} \qquad (6-5)$$
$$+ \beta_5 TEC_{it} + \beta_6 FDI_{it} + \mu_i + \varepsilon_{i,t}$$

式中，Pollu_{it} 表示 t 年 i 地区的环境污染水平，$\beta_0 - \beta_6$ 为待估计系数，下标 i、t 分别表示地区和时间，SCALE_{it}，POP_{it}，SEC_{it}，TEC_{it} 和 FDI_{it} 分别表示地区 i 在 t 年份的经济水平、人口规模、经济结构、技术水平和对外开放程度，μ_i 反映地区 i 特有因素的影响，$\varepsilon_{i,t}$ 为误差项。

　　为了实现探究人口集聚与两种不同类型环境污染之间的关系，又由于人口集聚和产业集聚往往具有高度耦合性，为此，本研究试图将人口集聚和产业集聚纳入统一分析框架，一方面重点解析人口空间集聚对环境污染的影响，另一方面在一定程度上探寻人口集聚和产业集聚对不同类型的环境污染作用路径，为中国寻求绿色发展路径、实现可持续发展提供参考依据。为此，在式（6-5）表达的模型基础上，引入人口集聚和产业集聚，计量模型扩展为：

$$\text{Pollu}_{it} = \beta_0' + \alpha_1 (AGG_P)_{it} + \alpha_2 (AGG_I)_{it} + \beta_1' \text{SCALE}_{it} + \beta_2' \text{SCALE}_{it}^2 \qquad (6-6)$$
$$+ \beta_3' POP_{it} + \beta_4' \text{SEC}_{it} + \beta_5' \text{TEC}_{it} + \beta_6' \text{FDI}_{it} + \mu_i + \zeta_{i,t}$$

式中，$\beta_0' \sim \beta_6'$ 和 $\alpha_1 \sim \alpha_2$ 为待估系数，AGG_P 和 AGG_I 分别表示人口集聚和水平，其他指标含义同式（6-5）。

　　又考虑到生产污染和生活污染排放存在一定的空间溢出效应，在对人口和产业集聚的环境污染效应进行估计时，需要将模型（6-6）扩展为：

$$\text{Pollu}_{it} = \lambda \sum_{j=1}^n W\text{Pollu}_{jt} + \beta_0'' + \alpha_1' AGG_{Pit} + \alpha_2' AGG_{Iit} + \beta'' X_{it} \qquad (6-7)$$
$$+ \alpha_1'' \sum_{j=1}^n WAGG_{Pjt} + \alpha_2'' \sum_{j=1}^n WAGG_{Ijt} + \theta \sum_{j=1}^n WX_{jt} + \varepsilon_{it}$$

式中，W 代表空间邻接权重矩阵，$W\text{Pollu}_{jt}$ 表示生活或生产污染的空间滞后项，$WAGG_{Pjt}$ 为人口集聚的空间滞后项，$WAGG_{Ijt}$ 为产业集聚的空间滞后项，WX_{jt} 为除人口集聚和产业集聚外其他解释变量的空间滞后项。

第三节　变量说明与数据来源

　　被解释变量环境污染是一个综合整体的概念，多数研究选用工业三废中的一个或几个具体污染排放物指标，这其实衡量的是生产污染。由于经济系统内的活动主要包括生产活动和生活活动两部分，经济系统的污染则相对应地包括生产污染和生活污染，集聚对环境质量的影响也可从生产和生活污染两方面来考察。为此，将环境污染细化为生产污染和生活污染进行研究。考虑到数据的可得性和指标选取的科学性，选取工业废水排放量、工业废气排放量、工业二氧化硫排放量、工业烟（粉）尘排放量以及工业固体废物排放量五类工业污染物来综合度量生产污染；以生活污水排放量、生活二氧化硫排放量、生活烟尘排放量以及生活垃圾清理量来综合衡量生活污染。同时，利用熵值法测算生产和生活污染指数，分别用 $Pollu_1$ 和 $Pollu_2$ 表示，数值越大，污染越严重。

关键解释变量为人口和产业集聚。借鉴区域经济学中对区域经济集中度衡量的方法，利用不均衡指数分别测算人口集聚和产业集聚，减少区（县）个数变化对人口集聚和产业集聚的影响，弥补现有衡量指标存在无法比较以及区域行政调整对其有较大影响的不足。

$$AGG = \sqrt{\frac{\sum_{i=1}^{n} \left[\frac{\sqrt{2}}{2}(y_i - x_i) \right]^2}{n}} \qquad (6-8)$$

式中，AGG 为不均衡指数，n 为研究单元数，y_i 为 i 地级市（区/县）常住人口（或工业产值）占区域总人口（或工业总产值）的比重，x_i 为地级市（区/县）行政区划面积占整个区域总行政区划面积的比重。

AGG 取值范围在 $0 \sim 1$ 之间，不均衡指数越大，表明人口或产业分布越集中；反之，则表明人口或产业分布越均衡。用 AGG_P 和 AGG_I 分别表示人口集聚和产业集聚。人口集聚和产业集聚对生产和生活污染的影响取决于各自集聚的程度、方式所产生的正负外部性大小力量的权衡。

控制变量中，经济发展水平（$SCALE$）用人均国内生产总值表示；人口规模（POP）用各地区的常住人口表示，一般而言，人口规模越大，环境污染越严重；经济结构（SEC）用各地区第二产业增加值占地区国内生产总值比重衡量，以此衡量工业在经济发展中所占比重，第二产业比重越大，环境污染越严重；技术水平（TEC）用每万元 GDP 消耗的能源衡量，数值越大代表该地区的技术水平越低，越不利于地区的环境质量发展；对外开放程度（FDI）用各地区进出口贸易总额占地区国内生产总值比重衡量。污染避难所假说认为，发展中国家的环境标准较低，污染密集型企业往往倾向于在环境标准较低的国家或地区建厂，因此，对外开放水平的提升将加重发展中国家的污染水平。考虑到数据的可比性，以上所有用货币计量的变量均以 2000 年为基期进行平减；同时，为避免异方差和减少数据波动，所有变量取自然对数。

研究范围为中国内地除西藏以外的 30 个省、自治区和直辖市，数据来源于 2001—2019 年《中国统计年鉴》《中国城市统计年鉴》《中国环境统计年鉴》《中国区域统计年鉴》以及历年各地区的统计年鉴和发展统计公报。对于个别缺失的数据，本文采用趋势外推法进行填补。表 6-1 为主要变量指标的描述性统计结果。

表 6-1   主要变量的描述性统计

变量	变量含义	观察值	均值	标准差	最大值	最小值
AGG_P	人口集聚度	570	0.05	0.04	0.32	0.01
AGG_I	产业集聚度	570	0.08	0.06	0.54	0.01
POP	人口规模（万人）	570	4 413.21	2 661.13	11 346.00	517.00
$SCALE$	人均 GDP（元）	570	24 005.96	18 030.16	130 443.70	2 759.00

变量	变量含义	观察值	均值	标准差	最大值	最小值
SEC	工业 GDP 占比	570	45.96	7.96	61.50	18.60
FDI	进出口贸易总额占比	570	0.31	0.40	1.84	0.02
TEC	单位能耗（吨/万元）	570	1.57	0.94	6.04	0.39

考虑到人口集聚的内生性，借鉴已有研究（徐辉，2017），将人口集聚（AGG_P）以其四分位数为界限划分为四个不同等级设置虚拟变量，由此产生了四个新的虚拟变量 AGG_P（1）、AGG_P（2）、AGG_P（3）和 AGG_P（4），当其大于或等于四个分位数时，取值为 1，否则为 0，并以第一分位为基准组，将 AGG_P（2）、AGG_P（3）和 AGG_P（4）带入式（6-7）中进行分析；这样计算缓解了集聚和经济发展之间的内生性问题，又可以检验在不同人口集聚水平下产业集聚和其他变量对污染的影响的差异。

第四节　人口空间集聚的生产污染效应

为了探寻人口空间集聚对生产污染和生活污染的不同影响，在人口空间集聚影响环境质量的理论分析基础上，将生产污染和生活污染作为因变量分别进行回归，运用空间杜宾固定效应估计方法对式（6-7）进行回归。表6-2为被解释变量为生产污染的回归结果。

由表6-2可得，当解释变量为生产污染时，模型的拟合效果很好。同时，环境库兹涅茨曲线可以很好地解释生产污染，即生产污染随着经济增长先升后降，呈现倒U型曲线关系。对于生产污染的其他影响因素，产业结构对生产污染的影响为负值且通过显著性检验，表明工业所占比重的提高在一定程度上缓解了生产污染，这与部分研究结论截然相反。通常认为，工业的快速发展往往意味着对自然资源的过度开采及废弃物排放的迅速增加，为此，工业所占比重提高将加剧环境污染（彭水军等，2006；翁智雄等，2017）。但本研究结果显示，工业所占比重对生产污染的影响为负值且通过了显著性检验，表明目前工业所占比重的提高并没有加剧生产污染。我们认为，这可能与中国在工业化过程中，充分借鉴已有的发展经验，开始注重工业内部结构的优化和工业发展模式的改进，更加偏重发展资本密集和技术密集型产业、减少污染密集型产业分不开。其他控制变量对生产污染的影响与预期基本相符。

表6-2　生产污染空间杜宾模型估计结果

解释变量	(1)	(2)	(3)	解释变量	(1)	(2)	(3)
AGG_I	0.294 *** (0.00)	0.355 *** (0.00)	0.211 *** (0.00)	$W \times AGG_I$	0.029 (0.83)	0.093 (0.47)	0.010 (0.95)
POP	0.174 *** (0.00)	0.179 *** (0.00)	0.185 *** (0.00)	$W \times POP$	0.039 *** (0.01)	0.037 *** (0.01)	0.065 *** (0.00)

解释变量	（1）	（2）	（3）	解释变量	（1）	（2）	（3）
$SCALE$	0.387 *** (0.00)	0.330 *** (0.00)	0.361 *** (0.00)	$W \times SCALE$	−0.747 *** (0.00)	−0.705 *** (0.00)	−0.662 *** (0.00)
$SCALE^2$	−0.018 *** (0.00)	−0.016 *** (0.00)	−0.017 *** (0.00)	$W \times SCALE^2$	0.031 *** (0.00)	0.029 *** (0.00)	0.027 *** (0.00)
SEC	−0.038 ** (0.01)	−0.031 ** (0.03)	−0.024 ** (0.02)	$W \times SEC$	−0.022 * (0.06)	−0.058 * (0.08)	−0.095 *** (0.00)
FDI	0.074 *** (0.00)	0.071 *** (0.00)	0.069 *** (0.00)	$W \times FDI$	0.254 *** (0.00)	0.216 *** (0.00)	0.214 *** (0.00)
TEC	0.280 *** (0.00)	0.295 *** (0.00)	0.288 *** (0.00)	$W \times TEC$	0.153 *** (0.00)	0.120 *** (0.00)	0.132 *** (0.00)
AGG_P (2)	0.017 *** (0.00)			$W \times AGG_P$ (2)	−0.008 (0.54)		
AGG_P (3)		−0.038 *** (0.00)		$W \times AGG_P$ (3)		0.021 ** (0.05)	
AGG_P (4)			0.025 *** (0.00)	$W \times AGG_P$ (4)			0.036 ** (0.03)
R^2	0.806	0.763	0.733	R^2	0.806	0.763	0.733

注：括号内的数据为 P 值，＊、＊＊ 和 ＊＊＊ 分别表示在 10%、5% 和 1% 水平下显著。

为了进一步探究人口和产业集聚对生产污染的空间溢出效应，对空间杜宾固定效应回归模型进行效应分解，结果如表 6-3 所示。

从表 6-3 可以看出，产业集聚不仅加剧了地区内部生产和生活污染，同时也加剧了相邻地区生产污染。除此之外，在不同人口集聚水平下，产业集聚等因素对生产污染影响具有一致性，即各影响因素对环境的效应方向没有随着人口集聚水平的变化而改变，说明产业集聚是加重生产污染的重要因素之一，这与刘满凤等（2015）的研究结论基本一致。虽然产业集聚可以利用共享、学习和匹配的微观机制带来环境正外部性，但产业集聚水平提升的过程意味着各种资源和能源消费需求的大幅增加，由此增加环境污染物的排放，集聚的环境负外部性大于正外部性。

表 6-3　人口集聚和产业集聚的生产污染效应分解

解释变量	直接效应			间接效应			总效应		
	（1）	（2）	（3）	（1）	（2）	（3）	（1）	（2）	（3）
AGG_I	0.303 *** (0.00)	0.368 *** (0.00)	0.217 *** (0.01)	0.146 ** (0.05)	0.239 * (0.07)	0.081 * (0.03)	0.449 ** (0.00)	0.607 *** (0.17)	0.299
AGG_P (2)	0.016 *** (0.00)			−0.004 *** (0.00)			0.012 * (0.06)		

续表

解释 变量	直接效应			间接效应			总效应		
	(1)	(2)	(3)	(1)	(2)	(3)	(1)	(2)	(3)
AGG_P (3)		−0.038 *** (0.00)			0.015 (0.27)			−0.023 ** (0.04)	
AGG_P (4)			0.027 *** (0.00)			0.051 *** (0.01)			0.078 *** (0.00)

注：括号内的数据为 P 值，*、** 和 *** 分别表示在 10%、5% 和 1% 水平下显著。

当人口集聚水平以不同的虚拟变量代入式（6-7）进行估计，结果显示，人口集聚对地区内部生产污染的影响经历了加剧—缓解—再加剧的过程。具体而言，当人口集聚水平处于第二分位范围时，人口集聚将加剧地区内部和相邻地区的生产污染。当人口集聚水平以第三分位数为边界时，人口集聚则有利于缓解地区内部生产污染，同时，也不会加剧相邻地区的生产污染。当人口集聚水平进一步提高，达到第四分位范围时，人口集聚又将加剧地区内部和邻近地区生产污染。这在一定程度上说明适度的人口集聚将通过促进资源的合理利用及其微观机制，降低生产污染治理成本，使得其对环境的正外部性大于负外部性，从而对地区内部生产污染的排放起到一定的缓解作用。但当人口集聚达到一定水平后，其对环境的负外部性逐步显现出来，甚至大于对环境的正外部性，从而导致地区内部的生产污染排放增加，并加剧邻近地区的生产污染。综合来看，随着人口集聚水平的提高，生产污染呈现出加剧—缓解—再加剧的过程。

第五节　人口空间集聚的生活污染效应

表6-4为在不同人口集聚水平下其他生活污染影响因素的回归结果。结果显示，当解释变量为生活污染时，模型的拟合效果依然很好。但是，与生产污染相比，在不同人口集聚水平下各因素对生活污染的影响存在明显不同。其中，环境库兹涅茨假说对生活污染来说并不适用，说明生活污染并不会随着经济的发展有所改善。产业结构变化对生活污染的回归系数不显著，表明工业所占比重增加并不会影响到生活污染。但进出口贸易比重的回归系数为正值且通过了显著性检验，说明对外开放程度的提高将加剧生活污染，生活污染的污染避难所假说成立。技术进步对生活污染的回归系数同样为正值且通过显著性检验，说明技术进步没能缓解（反而加重了）生活污染，这与技术进步尽管提高了资源和能源效率、扩大了生产规模，但并没有带来治污技术的改进不无关系。

表6-4　生活污染空间杜宾模型估计结果

解释变量	(1)	(2)	(3)	解释变量	(1)	(2)	(3)
AGG_I	0.223 *** (0.00)	0.233 *** (0.00)	0.227 *** (0.00)	$W \times AGG_I$	0.811 *** (0.00)	0.759 *** (0.00)	0.968 *** (0.00)
POP	0.124 *** (0.00)	0.123 *** (0.00)	0.121 *** (0.00)	$W \times POP$	0.076 *** (0.00)	0.072 *** (0.00)	0.066 *** (0.00)

解释变量	（1）	（2）	（3）	解释变量	（1）	（2）	（3）
$SCALE$	−0.046 (0.62)	−0.053 (0.57)	−0.051 (0.58)	$W \times SCALE$	0.621 (0.41)	0.579* (0.02)	0.599* (0.06)
$SCALE^2$	0.008* (0.09)	0.008* (0.09)	0.008* (0.08)	$W \times SCALE^2$	−0.027 (0.23)	−0.025 (0.30)	−0.025 (0.70)
SEC	−0.151 (0.67)	−0.147 (0.12)	−0.138 (0.20)	$W \times SEC$	−0.149 (0.13)	−0.129 (0.43)	−0.135 (0.2)
FDI	0.018** (0.02)	0.022** (0.02)	0.025* (0.06)	$W \times FDI$	0.109*** (0.00)	0.105*** (0.00)	0.127*** (0.00)
TEC	0.284*** (0.00)	0.279*** (0.00)	0.290*** (0.00)	$W \times TEC$	0.062* (0.09)	0.067* (0.07)	0.061* (0.09)
AGG_P （2）	−0.012* (0.05)			$W \times AGG_P$ （2）	−0.006* (0.07)		
AGG_P （3）		0.004 (0.24)		$W \times AGG_P$ （3）		0.004* (0.07)	
AGG_P （4）			0.011** (0.04)	$W \times AGG_P$ （4）			−0.046** (0.01)
R^2	0.764	0.783	0.803		0.764	0.783	0.803

注：括号内的数据为 P 值，＊、＊＊和＊＊＊分别表示在 10%、5% 和 1% 水平下显著。

为了进一步解释人口和产业集聚对生活污染的空间溢出效应，对空间回归模型进行效应分解，结果如表 6 - 5 所示。

从表 6 - 5 可以看出，不论人口集聚的边界标准如何，产业集聚都将加剧生活污染排放。其中，产业集聚不仅加剧了地区内部生活污染，同时也加剧了相邻地区生活污染。地区产业集聚水平的提升将吸引人口流入，增加区域内的人口总量，增加与消费相关的生活活动，从而加剧区域内的生活污染。

表 6 - 5　人口集聚和产业集聚的生活污染效应分解

解释变量	直接效应			间接效应			总效应		
	（1）	（2）	（3）	（1）	（2）	（3）	（1）	（2）	（3）
AGG_I	0.239*** (0.00)	0.246*** (0.00)	0.243*** (0.00)	0.894*** (0.00)	0.827*** (0.00)	1.046*** (0.00)	1.133*** (0.00)	1.073*** (0.00)	1.289*** (0.00)
AGG_P （2）	−0.012** (0.04)			−0.007 (0.64)			−0.019* (0.08)		
AGG_P （3）		0.004* (0.05)			0.005 (0.17)			0.009** (0.04)	
AGG_P （4）			0.010 (0.17)			−0.047*** (0.01)			−0.036* (0.06)

当人口集聚水平以不同的虚拟变量代入式（6－7）进行估计，结果显示，当人口集聚水平处于第二分位范围时，人口集聚将缓解本地和邻近地区生活污染，表明适度的人口集聚有利于生活污染的管理和集中处理，有利于对生活活动中产生的各类垃圾进行有效治理，人口集聚对生活污染的正外部性大于负外部性；但随着人口集聚水平的提高，人口集聚对生活污染的负外部性显现，此时，地区内部的生活污染将会加剧，但对相邻地区生活污染的影响并不显著。当人口集聚水平进一步提高，人口集聚对本地生活污染的影响并不显著，却有利于缓解相邻地区的生活污染。综合来看，随着人口集聚水平的提高，生活污染呈现出缓解—加剧—缓解的过程。

第六节　人口空间集聚的生活污染效应进一步分析

综上分析，生产污染符合环境库兹涅茨曲线假说，但是生活污染的环境库兹涅茨曲线并不存在。比较而言，生活污染更多是与人们的日常消费活动密切相关，传统影响因素指标并不能对生活污染进行很好的解释。基于此，考虑到生活污染多是从日常消费行为中产生，以下从消费角度对生活污染的影响因素展开进一步分析。

由于经济发展阶段决定了一个国家或地区的消费水平和结构，加之生活污染的产生与消费密切相关，故将人均 GDP 指标替换为人均消费水平指标（PCOMSU），且利用居民消费物价指数以 2000 年为基期对其进行平减；以恩格尔系数，即食物支出占总支出金额的比重，作为消费结构（SECOMSU）的代理变量。相对而言，娱乐和交通通信中能源密集型产品的消费将导致居民对能源的消费需求快速增长，将不利于环境质量的改善（赵晓丽，2011），所以恩格尔系数的提升会加剧生活污染的程度。同时，环保意识的强弱也会对地区的生活污染产生影响，故借鉴已有的研究，用大专及以上人口所占总人口比重表示环保意识（ENVPRO）（洪大用，2005；佟金萍等，2017）。数据来源于 2001—2019 年《中国统计年鉴》以及历年各省市的统计年鉴和发展统计公报。相关变量的描述性统计结果见表 6－6。

表 6－6　影响生活污染各变量描述性统计

变量	变量含义	观察值	均值	标准差	最大值	最小值
PCOMSU	人均消费水平（元）	570	11 699.33	6 196.45	43 351.30	3 623.56
SECOMSU	恩格尔系数	570	34.97	5.01	49.31	19.84
ENVPRO	大专以上人口比重（%）	570	9.70	6.78	48.65	1.83

表 6－7 为调整后的在不同人口集聚水平下各影响因素对生活污染的空间杜宾模型回归结果。与表 6－4 得到的结果不同，消费水平的回归系数显著为正，消费水平的平方的系数显著为负，表明消费水平与生活污染之间呈现倒 U 形曲线关系，即在消费水平较低时，生活污染随着消费水平的提高会不断加剧，但是当消费水平发展到一定程度之后，消费水平的提升将缓解生活污染。其原因可能是当人均消费达到一定水平之

前，在人们的消费需求中对环境质量的要求较低，故对生活消费行为带来的环境污染问题考虑不足，因此，当人均消费水平提升时，生活污染程度加剧。但是，当人均消费水平发展到一定程度之后，人们会产生对质量环境的需求，从而会主动选择对环境影响较小的产品，此时，人均消费水平提升将会缓解生活污染。由此，消费水平对生活污染的影响表现为先上升后下降的倒 U 形曲线。恩格尔系数对生活污染的系数在 1% 显著性水平下为负值，结果与理论预期一致。需要注意的是，虽然表征环保意识的大专及以上人口比重对生活污染的回归系数显著为正，但这并不意味着大专以上人口比重的提高会加剧生活污染，这主要是因为，在不同人口集聚水平下，环保意识空间滞后项的系数显著为负，且远大于环保意识的回归系数，说明环保意识的提升对生活污染的排放依然有一定的缓解作用，符合理论预期。

表 6 - 7　生活污染影响因素进一步估计结果（Ⅱ）

解释变量	(1)	(2)	(3)	解释变量	(1)	(2)	(3)
AGG_I	0. 342 ***	0. 352 ***	0. 315 ***	$W \times AGG_I$	0. 623 **	0. 584 **	1. 111 ***
	(0. 00)	(0. 00)	(0. 00)		(0. 02)	(0. 02)	(0. 00)
POP	0. 146 ***	0. 144 ***	0. 131 ***	$W \times POP$	0. 040 *	0. 041 *	0. 009
	(0. 00)	(0. 00)	(0. 00)		(0. 06)	(0. 05)	(0. 69)
$PCOMSU$	1. 210 ***	1. 233 ***	1. 161 ***	$W \times PCOMSU$	1. 892 ***	1. 802 ***	1. 952 ***
	(0. 00)	(0. 00)	(0. 00)		(0. 00)	(0. 00)	(0. 00)
$PCOMSU^2$	- 0. 065 ***	- 0. 067 ***	- 0. 064 ***	$W \times PCOMSU^2$	- 0. 094 ***	- 0. 088 ***	- 0. 098 ***
	(0. 00)	(0. 00)	(0. 00)		(0. 00)	(0. 00)	(0. 00)
$SECOMSU$	- 0. 101 **	- 0. 139 ***	- 0. 126 ***	$W \times SECOMSU$	- 0. 543 ***	- 0. 493 ***	- 0. 670 ***
	(0. 02)	(0. 00)	(0. 00)		(0. 00)	(0. 00)	(0. 00)
$ENVPRO$	0. 074 ***	0. 071 ***	0. 054 ***	$W \times ENVPRO$	- 0. 096 ***	- 0. 119 ***	- 0. 096 ***
	(0. 00)	(0. 00)	(0. 00)		(0. 00)	(0. 00)	(0. 00)
FDI	0. 103 ***	0. 085 ***	0. 111 ***	$W \times FDI$	- 0. 075	- 0. 050	- 0. 104 **
	(0. 00)	(0. 00)	(0. 00)		(0. 12)	(0. 27)	(0. 03)
TEC	0. 254 ***	0. 257 ***	0. 277 ***	$W \times TEC$	- 0. 033	- 0. 015	- 0. 056
	(0. 00)	(0. 00)	(0. 00)		(0. 48)	(0. 74)	(0. 24)
AGG_P (2)	- 0. 017 **			$W \times AGG_P$ (2)	0. 006 *		
	(0. 05)				(0. 08)		
AGG_P (3)		0. 018 ***		$W \times AGG_P$ (3)		0. 048 ***	
		(0. 01)				(0. 00)	
AGG_P (4)			0. 019 *	$W \times AGG_P$ (4)			- 0. 148 ***
			(0. 08)				(0. 00)
$R2$	0. 8578	0. 8520	0. 8621	$R2$	0. 8578	0. 8520	0. 8621

注：括号内的数据为 P 值，*、** 和 *** 分别表示在 10%、5% 和 1% 水平下显著。

表 6-8 为调整后的人口集聚和产业集聚对生活污染的空间效应分解结果。其中，不同人口集聚水平对生活污染的影响依然呈现为缓解—加剧—缓解的过程，产业集聚水平对生活污染存在显著的正向影响，与表 6-5 的研究结果一致，证明了结果的稳健性。

表6-8 人口集聚和产业集聚的生活污染效应分解（Ⅱ）

解释变量	直接效应			间接效应			总效应		
	(1)	(2)	(3)	(1)	(2)	(3)	(1)	(2)	(3)
$AGGI$	0.384 ***	0.379 ***	0.369 ***	0.864 ***	0.736 **	1.376 ***	1.249 ***	1.115 ***	1.745 ***
	(0.00)	(0.00)	(0.00)	(0.01)	(0.01)	(0.00)	(0.00)	(0.00)	(0.00)
$AGGP$ (2)	-0.016 *			0.004			-0.012 *		
	(0.08)			(0.88)			(0.07)		
$AGGP$ (3)		0.021 ***			0.057 ***			0.077 ***	
		(0.00)			(0.00)			(0.00)	
$AGGP$ (4)			0.013 *			-0.171 ***			-0.158 ***
			(0.05)			(0.00)			(0.00)

注：括号内的数据为 P 值，* 、** 和 *** 分别表示在 10% 、5% 和 1% 水平下显著。

第七节 本章小结

人口空间集聚是否一定加剧环境污染呢？由于集聚主要包括人口集聚和产业集聚两种形式，人口集聚和产业集聚对环境污染的效应不同。基于此，本文以集聚的环境外部性为切入点，利用 2000—2018 年中国 30 个省份面板数据，探讨了人口集聚和产业集聚对生产和生活污染的环境效应差异，得出以下结论和政策建议。

首先，人口集聚和产业集聚对环境污染存在较大影响差异，在实现绿色发展目标过程中应兼顾人口集聚、产业集聚和环境保护之间的协调关系。适度的人口集聚可通过共享、匹配和学习三种微观机制使生产污染得到缓解，产业集聚并没有随着人口集聚水平的变化改变对生产污染的影响，是导致生产污染加剧的一个重要因素。人口集聚与生活污染之间呈现缓解—加剧—缓解的过程，当人口集聚水平较低时，人们的衣食住行等消费需求不多，生活污染较轻；随着人口集聚水平提高，各项经济社会需求增多，污染排放物必然增多，加剧了生活污染；但当人口集聚度进一步提高，虽然污染排放物增多，人口集聚的微观机制再次发挥作用，生活污染得以缓解。无论是生产污染还是生活污染，产业集聚对其效应都为正向。本研究认为，虽然人口规模的增大会加剧生产和生活污染，但适度的人口集聚在很大程度上通过共享、匹配和学习三种微观机制促进了资源的优化配置和污染治理设施的共享，减少了对各种资源的重复占用，是减少生产和生活污染，改善环境质量的有效机制。因此，优化有利于适度人口集聚的制度和政策环境，消除阻碍人口集聚的可能体制机制因素，将有利于生产和生活污染的治理和环境质量的改善。

其次，产业集聚加剧了生产污染和生活污染。伴随着产业集聚的深入，还需要大量的资源消耗型建设，生产污染排放将会进一步扩大，产业集聚的环境负外部性递增，超过正外部性。而工业化并没有带来生产污染的加剧及环境的恶化；相反，通过工业产业内部的优化升级，大力发展资本和技术密集型产业，生产污染会得到一定程度的缓解；工业结构发展优化有利于缓解生产污染。因此，与单纯降低工业比重相比，促进工业内部结构优化，促进工业结构内部的良性互动更能抑制生产污染，更有利于缓解整体环境恶化、改善环境质量。

最后，虽然生产污染符合环境库兹涅茨曲线，但经济增长并不能自动解决所有的环境问题，尤其很难解决由消费所引致的生活污染问题。解决中国的环境问题一方面应强调生产污染治理外，还必须考虑生活所带来的生活污染治理问题。因此，应强调人口集聚在生活污染治理中的机制作用，加快环保技术的创新与开发，充分认识转变消费方式和提高环保意识在生活污染治理中的重要性。

第七章　研究结论与展望

本研究从空间角度形象展示了经济发展背景下人口空间集聚、生产污染和生活污染的空间分布，并加入产业集聚因素，试图探究人口空间集聚对不同的环境污染类型（生产污染和生活污染）的影响机制及演变规律。本章主要对研究结论进行相应总结，并提出相关政策建议，并在最后指出本研究存在的不足及未来的研究方向。

第一节　主要研究结论

本研究将经济系统内的生产活动和生活活动所产生的生产污染和生活污染作出区分，纳入产业集聚因素，分析了人口空间集聚在社会经济发展背景下与生产污染和生活污染的空间关联，详细探讨了人口空间集聚对生产污染和生活污染的影响及作用机制，得到以下研究结论。

第一，传统观点认为：生产污染是造成环境污染的"真凶"，尤其是工业化过程中的生产污染，严重破坏了人类与环境的和谐关系。历年来，工业生产对环境造成的污染已经引起了人类的高度重视，各国政府也采取了相应的治理措施。在当前的社会经济形势下，经济发展由过去投资驱动向消费驱动转变，随着人口激增、城镇化和城市群的发展、生产规模的扩大，尤其是鼓励消费以发展经济、增加就业的发展战略，使人们的消费规模得到很大发展，生活污染不容忽视。生活污染主要由消费产生，而当经济发展到一定阶段以后，消费必将为推动经济增长的主要推动力。国家统计局发布的《2015 年国民经济和社会发展统计公报》指出，"2015 年中国最终消费对经济增长的贡献率达到66.4%，消费成为经济增长的第一驱动力，中国成功实现经济增长由投资和外贸拉动为主向由内需特别是消费拉动为主的重大转型"。2018 年中国最终消费对经济增长的贡献率达到78.5%，消费拉动经济增长的作用正不断显现。消费需求的增长必然带来日益突出的环境问题，人们日常生活消费所引起的生活污染不容忽视。随着刺激内需、拉动经济的发展战略，日常消费活动所引起的生活污染成为继生产污染后的环境污染的"主角"。

第二，中国人口集聚重心和产业集聚重心在东西方向的差异远大于南北方向的差异，生产污染重心一直处于相对稳定状态，而生活污染重心则不断变化。人口和经济的不均衡是历史长期存在和现代发展的综合结果，东西方向人口和经济不均衡长期存在并相对稳定，而南北方向上的人口和经济不均衡性则不断变化。相比而言，生产污染在经纬度变化较小，一直处于稳定状态；生活污染重心则移动频繁，处于不断变化当中。

第三，人口集聚、产业集聚与生产污染、生活污染在经纬度上的关联程度存在明显差异。生产污染与人口集聚重心、产业集聚重心在经度上均具有负相关性，在纬度上，生产污染只与产业集聚有相关性。具体表现为在东西方向上，人口集聚和产业集聚程度高，生产污染反而低；在南北方向上，产业集聚程度越高，生产污染排放量相对增加。相对于生产污染，生活污染只在经度上与人口集聚相关；具体表现为，在东西方向上，人口集聚程度高时生活污染程度也高。

第四，人口集聚与产业集聚高度的耦合性决定了将产业集聚纳入分析框架的必然性，且人口集聚和产业集聚将带来不同的环境效应。研究结果证明，人口集聚和产业集聚对生产和生活污染影响存在较大差异，在实现绿色发展目标过程中应兼顾人口集聚、产业集聚和环境保护之间的协调关系。适度人口集聚可通过共享、匹配和学习三种微观机制使生产污染得到缓解，而产业集聚并没有随着人口集聚水平的变化改变对生产污染的影响，产业集聚依然是导致生产污染加剧的一个重要因素。随着人口集聚水平的提高，生活污染呈现出缓解—加剧—缓解的过程。具体而言，当人口集聚水平较低时，生活污染较轻；随着人口集聚水平提高，污染排放物必然增多，加剧了生活污染；但当人口集聚度进一步提高，虽然污染排放物增多，人口集聚的微观机制开始发挥作用，生活污染得到缓解；同时，产业集聚也是影响生活污染的一个重要因素。

一言以蔽之，虽然人口规模的增大会加剧生产和生活污染，但适度人口集聚在很大程度上通过共享、匹配和学习三种微观机制促进了资源的优化配置和污染治理设施的共享，减少了对各种资源的重复占用，是减少生产和生活污染，改善环境质量的有效机制，但产业集聚却加剧了生产污染和生活污染。需要强调的是，生产污染符合环境库兹涅茨曲线，但经济增长并不能自动解决所有的环境问题，尤其是其很难解决由消费所引致的生活污染问题。解决中国的环境问题除了应当一方面强调生产污染治理外，还必须考虑生活所带来的生活污染治理问题。

第二节　相关对策建议

在客观展示人口空间集聚与生产污染和生活污染关联性基础上，本书深入探讨了人口空间集聚对生产污染和生活污染的影响，并通过分析，力求于为政府宏观经济政策引导、资源环境管理与监督提供决策依据，并提出以下对策建议。

第一，针对生产污染，加强工业产业结构内部的优化升级，不断大力发展资本和技术密集型产业。随着产业集聚的深入，需要大量的不同种类的资源消耗型建设，生产污染排放将会进一步扩大，应通过工业产业内部的优化升级，大力发展资本和技术密集型产业，降低资源和劳动密集型产业比重，缓解生产污染。与单纯降低工业比重相比，促进工业内部结构优化、促进工业结构内部的良性互动，更能抑制生产污染，更有利于整体缓解环境恶化、改善环境质量。以高质量发展理念来打造绿色产业结构，不仅会让经济发展的成果实实在在地惠及人民，还会进一步惠及至子孙后代。从这个角度来看，优化工业内部产业结构不仅仅是发展经济的一种方式，而且是一件功在当代、利在千秋的民生工程。优化工业内部产业结构需要努力提高产业的科技含金量、降低资源消耗量、减少环境污染量,形成社会经济发展的绿色增长点。因此我们应大力推进环保产业、清洁生产产业、绿色服务业等污染少、有益于人类健康的绿色产业结构。优化工业内部产业结构,减少生产过程中的材料和能源浪费,提高资源利用率,减少废弃物排放量,加强废弃物处理。按照集约、节能、低碳的生态环保标准加快传统工业产业的改造升级,不断降低土地、能源、水的消耗。

第二,对于生活污染治理与生产污染治理方式应存在不同安排,经济增长并不能自动解决所有的环境问题,尤其很难解决由消费所引致的生活污染问题,应加快环保技术的创新与开发,充分认识转变消费方式和提高环保意识在生活污染治理中的重要性,形成有利于生活污染治理的社会机制。相比生产污染而言,生活污染需要每个公民广泛参与,应当开展相应的宣传活动,促进公民形成绿色生活方式,以推动人们的消费行为朝有利于环境的方向转变。具体来说,应倡导和践行勤俭节约,强化集约意识,在衣、食、住、行、游等方面形成节约、集约的行动自觉。厉行节约对于绿色可持续发展显得尤其重要。勤俭节约不仅有利于生活污染的减少,同时也意味着减少对自然的索取,从另一个方面来看也就是为生态保护做了贡献;另外,应当倡导绿色低碳的生活方式。绿色低碳可以体现在每个人的每个生活细节上,大到购买节能与新能源汽车、高能效家电、节水型器具等节能环保产品,小到减少塑料购物袋、餐盒等一次性用品使用等,都是在为减少生活污染物、践行绿色低碳做贡献。此外,促进人口集聚的共享、匹配和学习三种微观机制作用的发挥,进一步推动人口集聚,通过人口空间集聚促进资源的优化配置和污染治理设施的共享,减少各种资源的重复占用;同时,考虑人口空间集聚对生产和生活污染产生的具体影响,因地制宜地安排经济活动空间分布和相关的生产和生活污染治理政策措施。

第三,由于不管是生产污染还是生活污染,污染避难所假说都得到了检验,因此,应该加强引进外资的资金管理,提高外商直接投资的引进门槛。应该认识到,引进外资虽然推动了经济发展,但所带来的生产和生活污染是不容忽视的;应以经济和环境的均衡发展作为引进外资的前提。提高外商直接投资的整体质量是改善环境质量的一个重要政策措施。

第四,消费模式和理念对生活污染的影响至关重要,引导居民树立适度的消费观以及较高的环保意识是治理生活污染的重要举措。目前,不管是排污权交易还是排污收费(或者是排污标准等一系列治理措施),主要针对的都是生产企业,针对的是生产污染。相比而言,生活污染涉及社会中的每一个人,而每个人或者家庭所处的社会阶层不同,具有不同的社会背景,对生活污染排放的观点不尽相同,其治理难度远远大于生产污染。因此,从主观意识上,培养消费者正确的消费观是治理生活污染的核心。消费观是每一个人具有的对自身的消费和生活方式的价值判断,是消费者采取消费行动的指南。只有正确的适度的消费观才能指导消费者采取正确、合理的日常消费行动。为此,在现代社会,适度消费观应该是可持续的,是建立在资源的有效利用、永续使用以及保护环境的基础上的。可以通过媒体宣传,使居民全面认识到,目前人类过度使用资源以及过度消费对资源环境造成了巨大压力；同时传播进行适度消费应该采取的相应行动，使居民一方面了解到树立适度消费观的必要性和紧迫性，同时又掌握进行适度消费的相应途径，如此就能在全社会逐渐建立起适度消费观，才能从主观意识上对生活污染的治理带来一定的效果。

第五，重视人口空间集聚与生产污染和生活污染的关系，实现人口空间聚集与生态环境协调发展。从人口空间集聚着眼，主要可以从以下几个方面入手：一是树立发展的"全局观"。由于生产和生活污染具有空间的溢出效应，政府要注重树立具有"一荣俱荣，一损俱损"意识的全局发展观，在关注本区域经济发展的同时，不能以牺牲本区域及邻近区域环境质量为代价。在制定经济发展规划等地区发展目标时，关注跨地区合作，促使不同区域社会经济生态共同和谐发展。二是合理制定人口和人才引进政策，促进人口空间集聚与高质量发展空间格局相匹配。人口空间聚集对同一类污染物在不同地区的影响方向及效应大小不同，应保持人口聚集的适度水平，使之能与当地的生态、社会、经济容量相协调匹配；三是合理制定环境治理政策。人口空间聚集对不同污染物在不同地区的影响方向及效应大小均不相同，考虑到不同的污染物特点与经济增长方式、人口规模的不同作用方式，应对当地的污染物排放指标进行监测，查清环境污染的根源，加强污染物治理的针对性。

第三节　研究不足与展望

党的十九大报告明确指出，建设生态文明是中华民族永续发展的千年大计。必须树立和践行绿水青山就是金山银山的理念，坚持节约资源和保护环境的基本国策，像对待生命一样对待生态环境，统筹山水林田湖草系统治理，实行最严格的生态环境保护制度，形成绿色发展方式和生活方式，坚定走生产发展、生活富裕、生态良好的文明发展道路，建设美丽中国，为人民创造良好生产生活环境，为全球生态安全做出贡献。其实，不管是生产污染还是生活污染都是经济行为外部性的产物，只是生产污染更多是在经济系统的生产活动中产生，而生活污染更多是在经济系统内由于消费活动而产生，因此，只有同时重视生产和生活污染，环境污染的治理才可能走上良性循环的轨道。本项研究深入探讨了人口空间集聚对生产和生活污染不同的作用机制，得到了一些有意义的研究结论，以期为积极践行绿色发展新理念、全面加强生态文明建设、努力推动形成人与自然和谐发展现代化建设新格局做出新贡献。但该研究仍存在以下不足，是以后需要进一步研究的发展方向，主要体现在以下几点。

首先，本文强调了人口空间集聚对生产污染和生活污染的影响，但人口既是生产者也是消费者，既是污染的制造者同时也是承受者和解决者。目前研究重点和治理侧重生产污染，更侧重于企业污染治理，认为企业是工业发展和社会进步的主力，也是资源消耗和环境污染的源头；但是，生产和生活活动往往通过消费联系在一起。人口作为生产者和消费者，生产方式的改变往往也会随着消费需求的变化而改变，因此，在人口发展背景下的生产污染和生活污染治理必然存在一定的关联性，这种关联性有待进行进一步的理论探讨。

其次，本研究虽然开始关注人口空间集聚对生活污染的影响，强调消费模式和理念对生活污染治理的重要性，但由于生活污染更加侧重微观家庭和个体，其影响因素和治理在本项研究中并没有得到更进一步的探讨。现有研究多侧重生产污染的探讨，对生活污染的产生和治理机制关注不够。然而，当社会经济发展到一定程度，生活污染形势将更为严峻且治理难度不容小觑。探究影响生活污染的社会经济影响因素，形成有利于生活污染治理的社会机制，也是以后需要进一步探究的一个重要方面。

再次，本研究虽然探究了不同的人口空间集聚水平下影响生产污染和生活污染的因素及不同的作用机制，但中国不同时期的省区往往处于不同的工业化和社会经济水平下，本研究并没有考虑到这种差异以及由此所带来的生产污染和生活污染的变化，这是本研究的一个不足，也是以后需要进一步研究的方向。应当针对不同区域类型，从人口空间分布、产业发展、环境保护等角度探讨人口与生产污染和生活污染的关系，提出战略性对策，以弥补现有研究过于宏观而针对性不强的不足。

最后，生活污染应该是继生产污染之后当前经济"新常态"下具有较高价值的应用研究，值得以后进一步丰富和探索。研究可持续发展背景下的生活污染问题，是解决当前国内外生态破坏、环境污染等一系列现实问题的重要途径，是世界各国践行节能减排和可持续发展共同的选择。随着经济发展和居民消费规模的扩大以及人们生活水平的提高，研究生活污染产生的原因及治理在当前时代具有重大的现实意义。随着消费规模的扩大，生活垃圾、生活污水、生活烟尘对居民的生存环境形成了"三面埋伏"。经济转型时期需要消费拉动内需，解决消费污染是与人民的生活息息相关的事情。研究生活污染问题可以为政府治理环境污染、建立科学合理的消费模式提供参考。应当积极探索环境保护新思路，认真解决关系民生的突出环境问题，改善生态文明建设制度体系，让生态系统建设符合"建设美丽中国，实现中华民族的永续发展"的宏伟目标。

参考文献

［1］彭水军，包群．经济增长与环境污染：环境库兹涅茨曲线假说的中国检验 ［J］．财经问题研究，2006（8）：3－17.

［2］孙峰华，孙东琪，胡毅，等．中国人口对生态环境压力的变化格局：1990— 2010 ［J］．人口研究，2013，37（5）：103－112.

［3］陆铭，冯皓．集聚与减排：城市规模差距影响工业污染强度的经验研究 ［J］．世界经济，2014（7）：86－114.

［4］张可，豆建民．集聚对环境污染的作用机制研究 ［J］．中国人口科学，2013，05：105－116.

［5］丁焕峰，李佩仪．中国区域污染影响因素：基于 EKC 曲线的面板数据分析 ［J］．中国人口·资源与环境，2010，20（10）：117－122.

［6］李茜，宋金平，张建辉，等．中国城市化对环境空气质量影响的演化规律研究 ［J］．环境科学学报，2013，33（9）：2402－2411.

［7］李晓西，张江雪．质量理念的新拓展 ［J］．北京师范大学学报（社会科学版），2006（2）：135－140.

［8］卢东斌，孟文强．城市化、工业化、地理脆弱性与环境质量的实证研究 ［J］．财经问题研究，2009（2）：22－28.

［9］王芳，周兴．影响我国环境污染的人口因素研究：基于省际面板数据的实证分析 ［J］．南方人口，2013（6）：8－18.

［10］肖周燕．中国人口空间集聚对生产和生活污染的影响差异 ［J］．中国人口·资源与环境，2015，03：128－134.

［11］朱英明，杨连盛，吕慧君，等．资源短缺、环境损害及其产业集聚效果研究：基于 21 世纪我国省级工业集聚的实证分析 ［J］．管理世界，2012（11）：28－44.

［12］苏静，胡宗义，唐李伟．我国能源—经济—环境（3E）系统协调度的地理空间分布与动态演进 ［J］．经济地理，2013，33（9）：19－24.

［13］刘满凤，谢晗进．中国省域经济集聚性与污染集聚性趋同研究 ［J］．经济地理，2014，34（4）：25－32.

［14］王海宁，陈媛媛．产业集聚效应与工业能源效率研究：基于中国 25 个工业行业的实证分析 ［J］．财经研究，2010，36（9）：69－79.

［15］李顺毅，王双进．产业集聚对我国工业污染排放影响的实证检验 ［J］．统计与决策，2014（8）：128－130.

[16] 李伟娜，杨永福，王珍珍．制造业集聚、大气污染与节能减排 [J]．经济管理，2010，32（9）：36 – 44.

[17] 沈能．工业集聚能改善环境效率吗?：基于中国城市数据的空间非线性检验 [J]．管理工程学报，2014，28（3）：57 – 63.

[18] 李筱乐．市场化、工业集聚和环境污染的实证分析 [J]．统计研究，2014，31（8）：39 – 45.

[19] 冯颖，李晓宁，屈国俊，等．中国水环境污染与经济增长关系研究 [J]．西北农林科技大学学报（社会科学版），2017，17（6）：66 – 74.

[20] 徐辉，杨烨．人口和产业集聚对环境污染的影响：以中国的 100 个城市为例 [J]．城市问题，2017（1）：53 – 60.

[21] 刘凤朝．经济社会发展对人口空间分布影响研究 [M]．北京：科学出版社，2013：19 – 24

[22] 高军波，谢文全，韩勇，等．1990—2013 年河南省县域人口、经济和粮食生产重心的迁移轨迹与耦合特征：兼议与社会剥夺的关系 [J]．地理科学，2018，38（6）：919 – 926.

[23] 王伟．中国三大城市群经济空间重心轨迹特征比较 [J]．城市规划学刊，2009，3（181）：20 – 28.

[24] 张建武，高聪，赵菁．中国人口、经济、产业重心空间分布演变轨迹：基于 1978—2019 年省级数据的分析 [J]．中国人口科学，2021（01）：64 – 78，127.

[25] 孟广文，王春智，鲁笑男，等．天津市经济发展的重心空间演变及未来展望 [J]．经济地理，2017，37（5）：87 – 93，115.

[26] 王胜今，王智初．中国人口集聚与经济集聚的空间一致性研究 [J]．人口学刊，2017，39（6）：43 – 50.

[27] 吴雪萍，赵果庆．中国城市人口集聚分布：基于空间效应的研究 [J]．人文地理，2018，33（2）：130 – 137.

[28] 樊杰，陶岸军，吕晨．中国经济与人口重心的耦合态势及其对区域发展的影响 [J]．地理科学进展，2010，1（29）：87 – 95.

[29] 龙爱华，徐中民，王新华，等．人口、富裕及技术对 2000 年中国水足迹的影响 [J]．生态学报，2006，10：3358 – 3365.

[30] 王立猛，何康林．基于 STIRPAT 模型的环境压力空间差异分析：以能源消费为例 [J]．环境科学学报，2008（5）：1032 – 1037.

[31] 祝伟，张旭东．人口集聚、经济增长与城市空气质量：基于 274 个地级市数据的空间计量分析 [J]．西北人口，2021，42（2）：37 – 50.

[32] 邵帅，李欣，曹建华，等．中国雾霾污染治理的经济政策选择：基于空间溢出效应的视角 [J]．经济研究，2016，51（9）：73 – 88.

[33] 马丽梅，张晓．中国雾霾污染的空间效应及经济、能源结构影响 [J]．中国工业经济，2014（04）：19 – 31.

［34］翁智雄，马忠玉，葛察忠，等．多因素驱动下的中国城市环境效应分析：基于 285 个地级及以上城市面板数据［J］．中国人口·资源与环境，2017，27（3）：63－73．

［35］刘满凤，谢晗进．我国工业化、城镇化与环境经济集聚的时空演化［J］．经济地理，2015，35（10）：21－28．

［36］赵晓丽，李娜．中国居民能源消费结构变化分析［J］．中国软科学，2011（11）：40－51．

［37］洪大用．中国城市居民的环境意识［J］．江苏社会科学，2005（1）：127－132．

［38］佟金萍，陈国栋，杨足膺，等．居民消费水平对生活碳排放的门槛效应研究［J］．干旱区资源与环境，2017，31（1）：38－43．

［39］徐中民，程国栋．中国人口和富裕对环境的影响［J］．冰川冻土，2005，27（5）：767－773．

［40］朱勤，彭希哲，陆志明，等．中国能源消费碳排放变化的因素分解及实证分析［J］．资源科学，2009，31（12）：2072－2079．

［41］童玉芬．西北地区人口—资源—环境协调发展研究［M］．北京：中国人口出版社，2009．

［42］王曾．人力资本、技术进步与 CO_2 排放关系的实证研究［J］．科技进步与对策，2010，27（22）：4－8．

［43］洪大用，肖晨阳．环境友好的社会基础：中国市民环境关心与行为的实证研究［M］．北京：中国人民大学出版社，2012．

［44］方创琳．城市化过程与生态环境效应［M］．北京：科学出版社，2008．

［45］英格尔哈特．现代化与后现代化：43 个国家的文化、经济与政治变迁［M］．北京：社会科学文献出版社，2013．

［46］钟兴菊，龙少波．环境影响的 IPAT 模型再认识［J］．中国人口资源与环境，2016，26（3）：61－68．

［47］张凡凡，张启楠，李福夺，等．中国水足迹强度空间关联格局及影响因素分析［J］．自然资源学报，2019，34（5）：934－944．

［48］张晓．中国环境政策的总体评价［J］．中国社会科学，1999（03）：88－99．

［49］陆虹．中国环境问题与经济发展的关系分析：以大气污染为例［J］．财经研究，2000（10）：54－60．

［50］李周，包晓斌．中国环境库兹涅茨曲线的估计［J］．科技导报，2002，20（024）：57－58．

［51］包群，彭水军，阳小晓．是否存在环境库兹涅茨倒 U 型曲线？：基于六类污染指标的经验研究［J］．上海经济研究，2005（12）：3－13．

［52］沈满洪，许云华．一种新型的环境库兹涅茨曲线：浙江省工业化进程中经济增长与环境变迁［J］．浙江社会科学，2000（4）：53－57．

［53］凌亢，王浣尘，刘涛．城市经济发展与环境污染关系的统计研究：以南京市为例［J］．统计研究，2001，18（10）：46－52．

［54］吴玉萍，董锁成，宋键峰．北京市经济增长与环境污染水平计量模型研究［J］．地理研究，2002，21（2）：239－246．

［55］范金．可持续发展下的最优经济增长［M］．北京：经济管理出版社，2002．

［56］陈华文，刘康兵．经济增长与环境质量：关于环境库兹涅茨曲线的经验分析［J］．复旦学报（社会科学版），2004（2）：87－94．

［57］焦文献，徐中民，尚海洋，等．基于ImPACT等式的人类活动环境影响分析：以甘肃省虚拟水消费为例［J］．冰川冻土，2006，28（5）：748－748．

［58］王康．基于IPAT等式的甘肃省用水影响因素分析［J］．中国人口・资源与环境，2011，21（6）：148－152．

［59］曲建升，刘莉娜，曾静静，等．中国城乡居民生活碳排放驱动因素分析［J］．中国人口资源与环境，2014．

［60］王月菊，陈文江，李勇进，等．人口、户数和家庭规模变动对资源消耗的影响分析：基于IPAT等式和结构分解分析模型［J］．生态经济，2015，031（6）：23－27．

［61］尚海洋，毛必文．基于IPAT模型的产业集聚与环境污染的实证研究［J］．生态经济，2016，32（6）：77－81．

［62］胡振，何晶晶，王玥，等．基于IPAT－LMDI扩展模型的日本家庭碳排放因素分析及启示［J］．资源科学，2018，40（9）：1831－1842．

［63］王小伟，韩芳，王卫．基于IPAT原理的区域大气污染物排放定量研究［J］．生态经济，2019（11）．

［64］戴星翼．论治理生活污染的社会经济机制［J］．社会科学，1995（06）：43－46．

［65］袁加军，曾五一．基于生活污染物的环境库兹涅茨曲线［J］．山西财经大学学报，2009（10）：30－34．

［66］袁加军．环境库兹涅茨曲线研究：基于生活污染和空间计量方法［J］．统计与信息论坛，2010（4）：10－16．

［67］何雄浪．人口集聚、工业集聚与环境污染：基于两类环境污染的研究［J］．西南民族大学学报：人文社科版，2019，40（2）：91－101．

［68］DIETZ T，ROSA E A. Effects of population and affluence on CO_2 emissions［C］. Proceedings of the National Academy of Sciences of the United States of America，1997，94（1）：175－179

［69］YORK R，ROSA E A，DIETZ T. Bridging environmental science with environmental policy：Plasticity of population，affluence and technology［J］. Social Science Quarterly，2002，83（1）：18－34．

［70］MATTHEW A. Examining the impact of demographic factors on air pollution［J］.

Population and Environment, 2004 (26): 1123 – 1131.

[71] ANDREONI J, LEVINSON, A. The simple analytics of the environmental Kuznets Curve. [J]. Public Economics, 2001, 80 (2): 269 – 286.

[72] BROWN M A, SOUTHWORTH F, SARZYNSKI A. The geography of metropolitan carbon footprints [J]. Policy and Society, 2009 (27): 285 – 304.

[73] GLAESER E L, KAHN M E. The greenness of cities: carbon dioxide emissions and urban development [J]. Journal of Urban Economics, 2010 (67): 404 – 418.

[74] NEWMAN P W G, KENWORTHY J R. Gasoline consumption and cities: a comparison of US cities with a global survey [J]. Journal of the American Planning Association, 1989 (55): 24 – 37.

[75] SOVACOOL B K, BROWN M A. Twelve metropolitan carbon footprints: a preliminary comparative global assessment [J]. Energy Policy, 2010 (38): 4856 – 4869.

[76] SATOSHI I, SHOICHI T, TOSHIYA A. Impact of future urban from on the potential to reduce greenhouse gas emissions from residential, commercial and public buildings in Utsunomiya Japan [J]. Energy Policy, 2010 (38): 4888 – 4896.

[77] BRAAT L. Economics ecological modeling [M]. New York: Elsevier Science Publishing Co, 1987.

[78] CICCONE A, HALL R. Productivity and the density of economic activity [J]. American Economic Review, 1996 (2).

[79] MARTIN A, HANS L. Agglomeration and productivity: evidence from firm-level data [J]. The Annals of Regional Science, 2011 (4).

[80] VIRKANEN J. Effect of urbanization on metal deposition in the Bay of Southern Finland [J]. Marine Pollution Bulletin, 1998 (9).

[81] VERHOEF E T, NIJKAMP P. Externalities in urban sustainability: environmental versus localization: type agglomeration externalities in a general spatial equilibrium model of a single-sector monocentric industrial City [J]. Ecological Economics, 2002 (2).

[82] FRANK A. Urban air quality in larger conurbations in the European Union [J]. Environmental Modeling and Software, 2001 (4).

[83] DUC T A. Experimental investigation and modeling approach of the impact of urban wastewater on a tropical river: a case study of the Nhue River, Hanoi, Vietnam [J]. Journal of Hydrology, 2007 (3).

[84] ANSELIN, L. Local indicators of spatial association: LISA [J]. Geographical Analysis, 1995, 27 (2): 93—116.

[85] BECKERMAN W. Economic growth and the environment: whose growth? whose environment? [J]. World Development, 1992, 20 (4): 481 – 496.

[86] GROSSMAN G M, KRUEGER A B. Economic growth and the environment [J]. Quarterly Journal of Economics, 1995, 110 (2): 353 – 377.

［87］ STERN D I. Progress on the environmental Kuznets Curve? ［J］. Environment & Development Economics, 1998, 3 (2): 173 – 196.

［88］ STERN D I. The rise and fall of the environmental Kuznets Curve ［J］. World Development, 2004, 32 (8): 1419 – 1439.

［89］ STERN D I, COMMON M S, BARBIER E B. Economic growth and environmental degradation: the environmental Kuznets Curve and sustainable development ［J］. World Development, 2005, 24 (7): 1151 – 1160.

［90］ DINDA S. Environmental Kuznets Curve hypothesis: a survey ［J］. Ecological Economics, 2004, 49 (4): 431 – 455.

［91］ NAHMAN A, ANTROBUS G. The environmental Kuznets Curve: a literature survey ［J］. South African Journal of Economics, 2010 (73).

［92］ ARNAUT J, LIDMAN J. Environmental sustainability and economic growth in Greenland: testing the environmental Kuznets Curve ［J］. Sustainability, 2021 (13).

［93］ EHRLICH P, HOLDREN J. The impact of population growth ［J］. Science, 1971 (171): 1212 – 1217.

［94］ ARSHED N, MUNIR M, IQBAL M. Sustainability assessment using STIRPAT approach to environmental quality: an extended panel data analysis ［J］. Environmental Science and Pollution Research, 2021 (2).

［95］ LIANG X, GONG Q, ZHENG H, et al. Examining the impact factors of the water environment using the extended STIRPAT model: a case study in Sichuan ［J］. Environmental Science and Pollution Research, 2020, 27 (12): 12942 – 12952.

［96］ EHRLICH P, HOLDREN J. The impact of population growth ［J］. Science, 1971 (171): 1212 – 1217.

［97］ DURANTON G, PUGA D. Microfoundations of urban agglomeration economies/ HERDERSON J V, J F. Hand Book of Regional and Urban Economics ［C］. Amsterdam: Elsevier, 2004.

［98］ ABEL JR, DEY I, GABE T M. Productivity and the density of human capital ［J］. Journal of Regional Science, 2012 (52): 4.

［99］ W R TOBLER. A computer movie simulating urban growth in the Detroit region ［J］. Economic Geography, 2016 (46): 234 – 240.

［100］ LESAGE J, PACE R K. Introduction to Spatial Econometrics ［M］. CRC Press, 2008.

［101］ DIETZ T, ROSA E A. Rethinking the environmental impacts of population, affluence and technology ［J］. Human Ecology Review, 1994, 1 (2): 277 – 300.

［102］ GROSSMAN G M, KRUEGER A B. Economic growth and the environment ［J］. The Quarterly Journal of Economics, 1995, 110 (2): 353 – 377.

［103］ ROCA J. The IPAT Formula and its limitations ［J］. Ecological Economics, 2002

（42）：1 - 2.

[104] GILES D E, MOSK C A. Ruminant eructation, and a long-run environmental Kuznets' Curve for enteric methane in New Zealand: conventional and fuzzy regression analysis [C]. Econometrics Working Paper EWP0306, 2003.

[105] GALLETTO P. Economic growth and atmospheric pollution in Spain: discussing the environmental Kuznets Curve hypothesis [J]. Ecological Economics, 2001 (12).

[106] FRIEDL B, GETZNER M. Determinants of CO_2 emissions in a small open economy [J]. 2003, 45 (1): 133 - 148.

[107] WAGGONER P E, AUSUBEL J H. A framework for sustainability science: a renovated IPAT identity [J]. Proceedings of the National Academy of Sciences, 2002, 99 (12): 7860 - 7865.

[108] SCHULZE P C. I = PBAT [J]. Ecological Economics, 2002, 40: 149 - 150.

表 1 2000—2018 年全国各省区生产污染指数

年份	2000	2001	2002	2003	2004	2005	2006	2007	2008	2009	2010	2011	2012	2013	2014	2015	2016	2017	2018
北京	0.054	0.046	0.040	0.035	0.037	0.034	0.034	0.032	0.027	0.028	0.028	0.028	0.024	0.024	0.022	0.018	0.016	0.015	0.014
天津	0.051	0.049	0.051	0.056	0.049	0.065	0.062	0.058	0.057	0.053	0.062	0.065	0.064	0.060	0.067	0.058	0.047	0.045	0.048
河北	0.376	0.368	0.364	0.387	0.467	0.479	0.497	0.512	0.471	0.479	0.531	0.744	0.703	0.717	0.713	0.626	0.596	0.590	0.594
山西	0.291	0.294	0.301	0.346	0.362	0.386	0.391	0.383	0.361	0.335	0.391	0.484	0.475	0.480	0.489	0.465	0.376	0.461	0.503
内蒙古	0.129	0.117	0.130	0.213	0.245	0.301	0.299	0.294	0.291	0.288	0.344	0.387	0.388	0.376	0.416	0.405	0.355	0.365	0.402
辽宁	0.303	0.279	0.262	0.270	0.274	0.361	0.378	0.383	0.396	0.345	0.335	0.437	0.428	0.404	0.476	0.472	0.363	0.375	0.381
吉林	0.100	0.094	0.090	0.087	0.099	0.127	0.129	0.126	0.118	0.123	0.121	0.149	0.128	0.129	0.142	0.139	0.096	0.091	0.105
黑龙江	0.134	0.132	0.128	0.142	0.141	0.157	0.162	0.159	0.156	0.152	0.149	0.164	0.179	0.174	0.173	0.152	0.110	0.093	0.099
上海	0.109	0.104	0.104	0.101	0.104	0.101	0.101	0.099	0.093	0.086	0.090	0.098	0.096	0.093	0.096	0.091	0.076	0.061	0.075
江苏	0.344	0.409	0.395	0.420	0.436	0.485	0.483	0.450	0.432	0.426	0.443	0.483	0.459	0.457	0.494	0.472	0.435	0.406	0.442
浙江	0.246	0.241	0.255	0.274	0.281	0.297	0.307	0.309	0.301	0.305	0.314	0.298	0.281	0.277	0.278	0.268	0.205	0.213	0.199
安徽	0.153	0.152	0.151	0.180	0.187	0.201	0.209	0.216	0.225	0.227	0.230	0.264	0.255	0.253	0.279	0.276	0.238	0.205	0.199
福建	0.106	0.125	0.124	0.147	0.166	0.198	0.197	0.208	0.210	0.218	0.218	0.239	0.205	0.211	0.206	0.191	0.158	0.142	0.210

续表

年份	2000	2001	2002	2003	2004	2005	2006	2007	2008	2009	2010	2011	2012	2013	2014	2015	2016	2017	2018
江西	0.144	0.116	0.130	0.162	0.180	0.192	0.202	0.205	0.199	0.196	0.201	0.232	0.220	0.223	0.227	0.240	0.255	0.172	0.159
山东	0.393	0.389	0.376	0.417	0.398	0.435	0.437	0.453	0.456	0.455	0.501	0.554	0.517	0.512	0.574	0.569	0.553	0.468	0.651
河南	0.339	0.329	0.336	0.355	0.386	0.445	0.430	0.415	0.385	0.388	0.388	0.433	0.405	0.416	0.429	0.402	0.300	0.222	0.330
湖北	0.225	0.205	0.204	0.210	0.223	0.223	0.230	0.214	0.209	0.205	0.208	0.249	0.225	0.224	0.238	0.231	0.194	0.140	0.145
湖南	0.263	0.256	0.255	0.290	0.304	0.314	0.292	0.288	0.259	0.266	0.251	0.242	0.229	0.228	0.226	0.213	0.159	0.106	0.099
广东	0.272	0.246	0.272	0.301	0.323	0.382	0.379	0.389	0.369	0.334	0.338	0.328	0.320	0.312	0.327	0.302	0.267	0.267	0.268
广西	0.270	0.247	0.243	0.296	0.317	0.340	0.309	0.341	0.346	0.323	0.316	0.248	0.252	0.217	0.212	0.186	0.148	0.115	0.115
海南	0.008	0.007	0.007	0.007	0.007	0.008	0.008	0.008	0.008	0.009	0.008	0.011	0.012	0.018	0.015	0.013	0.009	0.009	0.009
重庆	0.161	0.149	0.146	0.156	0.163	0.169	0.175	0.163	0.153	0.158	0.136	0.121	0.113	0.119	0.121	0.116	0.092	0.061	0.066
四川	0.348	0.336	0.324	0.345	0.353	0.343	0.324	0.325	0.273	0.261	0.291	0.283	0.262	0.254	0.271	0.244	0.190	0.168	0.220
贵州	0.166	0.136	0.133	0.134	0.137	0.138	0.176	0.171	0.141	0.136	0.146	0.177	0.183	0.204	0.207	0.170	0.136	0.131	0.126
云南	0.110	0.100	0.094	0.108	0.118	0.128	0.139	0.146	0.146	0.146	0.149	0.254	0.237	0.238	0.225	0.212	0.195	0.152	0.168
陕西	0.165	0.144	0.145	0.163	0.180	0.197	0.195	0.204	0.192	0.179	0.187	0.210	0.199	0.207	0.220	0.212	0.168	0.146	0.135
甘肃	0.084	0.077	0.082	0.098	0.094	0.103	0.100	0.092	0.090	0.091	0.099	0.138	0.133	0.128	0.138	0.132	0.115	0.076	0.085
青海	0.016	0.015	0.013	0.017	0.024	0.034	0.036	0.037	0.040	0.041	0.048	0.103	0.106	0.108	0.112	0.124	0.121	0.111	0.128
宁夏	0.052	0.045	0.049	0.063	0.051	0.067	0.069	0.072	0.068	0.065	0.107	0.104	0.096	0.098	0.102	0.091	0.079	0.083	0.093
新疆	0.052	0.055	0.056	0.068	0.083	0.091	0.105	0.117	0.124	0.133	0.146	0.174	0.219	0.246	0.244	0.203	0.188	0.152	0.200

资料来源：根据历年《中国统计年鉴》和《中国环境统计年鉴》计算而来。

表2　2000—2018年全国各省区生活污染指数

年份	2000	2001	2002	2003	2004	2005	2006	2007	2008	2009	2010	2011	2012	2013	2014	2015	2016	2017	2018
北京	0.109	0.106	0.109	0.104	0.104	0.112	0.108	0.098	0.098	0.103	0.103	0.102	0.098	0.097	0.103	0.110	0.098	0.074	0.057
天津	0.119	0.091	0.051	0.046	0.045	0.044	0.045	0.042	0.049	0.063	0.046	0.036	0.054	0.055	0.061	0.062	0.061	0.055	0.054
河北	0.208	0.256	0.294	0.268	0.283	0.278	0.281	0.265	0.276	0.309	0.316	0.143	0.228	0.195	0.404	0.568	0.483	0.462	0.452
山西	0.322	0.321	0.315	0.357	0.350	0.346	0.343	0.330	0.316	0.323	0.242	0.166	0.173	0.182	0.395	0.447	0.281	0.328	0.383
内蒙古	0.241	0.222	0.239	0.213	0.222	0.240	0.244	0.234	0.227	0.257	0.261	0.190	0.213	0.181	0.248	0.276	0.274	0.285	0.272
辽宁	0.354	0.343	0.318	0.281	0.286	0.345	0.368	0.323	0.303	0.299	0.333	0.153	0.156	0.159	0.218	0.234	0.237	0.244	0.252
吉林	0.131	0.127	0.125	0.138	0.128	0.136	0.137	0.138	0.164	0.155	0.140	0.102	0.102	0.102	0.139	0.147	0.146	0.160	0.161
黑龙江	0.147	0.142	0.144	0.141	0.151	0.146	0.149	0.150	0.146	0.164	0.177	0.274	0.290	0.257	0.316	0.338	0.396	0.423	0.452
上海	0.161	0.190	0.151	0.169	0.166	0.177	0.185	0.186	0.193	0.191	0.194	0.095	0.099	0.096	0.090	0.089	0.085	0.079	0.078
江苏	0.106	0.109	0.110	0.111	0.120	0.137	0.141	0.144	0.146	0.155	0.164	0.154	0.167	0.170	0.179	0.189	0.200	0.208	0.216
浙江	0.057	0.068	0.063	0.067	0.071	0.076	0.078	0.076	0.081	0.085	0.090	0.103	0.106	0.111	0.115	0.120	0.125	0.135	0.140
安徽	0.090	0.089	0.090	0.089	0.092	0.106	0.121	0.115	0.111	0.114	0.113	0.103	0.174	0.140	0.143	0.149	0.149	0.128	0.121
福建	0.049	0.048	0.045	0.047	0.057	0.061	0.084	0.082	0.090	0.093	0.093	0.073	0.080	0.082	0.083	0.088	0.095	0.089	0.092
江西	0.050	0.059	0.059	0.059	0.064	0.074	0.078	0.084	0.088	0.092	0.100	0.070	0.073	0.072	0.076	0.076	0.104	0.076	0.071
山东	0.301	0.285	0.276	0.279	0.271	0.293	0.322	0.273	0.268	0.273	0.241	0.285	0.302	0.297	0.346	0.388	0.398	0.345	0.327
河南	0.144	0.154	0.159	0.162	0.170	0.183	0.190	0.197	0.213	0.218	0.220	0.189	0.200	0.209	0.283	0.325	0.329	0.306	0.287
湖北	0.113	0.098	0.107	0.106	0.120	0.154	0.139	0.140	0.146	0.152	0.162	0.126	0.156	0.157	0.163	0.171	0.176	0.184	0.178
湖南	0.158	0.177	0.176	0.186	0.190	0.200	0.196	0.193	0.196	0.193	0.210	0.108	0.129	0.131	0.142	0.150	0.167	0.198	0.172

续表

年份	2000	2001	2002	2003	2004	2005	2006	2007	2008	2009	2010	2011	2012	2013	2014	2015	2016	2017	2018
广东	0.148	0.185	0.151	0.166	0.158	0.167	0.173	0.194	0.226	0.254	0.273	0.242	0.261	0.275	0.289	0.294	0.389	0.320	0.321
广西	0.060	0.061	0.063	0.070	0.073	0.087	0.088	0.090	0.095	0.097	0.097	0.078	0.085	0.085	0.090	0.094	0.095	0.097	0.098
海南	0.018	0.019	0.019	0.019	0.022	0.023	0.023	0.024	0.024	0.024	0.024	0.023	0.024	0.023	0.024	0.024	0.026	0.026	0.027
重庆	0.179	0.160	0.155	0.172	0.162	0.170	0.166	0.165	0.175	0.177	0.173	0.071	0.078	0.075	0.075	0.084	0.127	0.125	0.124
四川	0.240	0.234	0.247	0.191	0.211	0.262	0.245	0.236	0.232	0.221	0.218	0.122	0.125	0.135	0.145	0.164	0.198	0.082	0.084
贵州	0.495	0.540	0.473	0.479	0.436	0.450	0.268	0.303	0.387	0.534	0.358	0.146	0.143	0.146	0.151	0.183	0.246	0.180	0.245
云南	0.095	0.084	0.091	0.087	0.098	0.113	0.117	0.114	0.109	0.112	0.101	0.079	0.084	0.086	0.092	0.110	0.104	0.124	0.130
陕西	0.087	0.116	0.115	0.131	0.148	0.164	0.148	0.119	0.163	0.104	0.107	0.112	0.129	0.134	0.232	0.231	0.229	0.186	0.183
甘肃	0.077	0.075	0.076	0.080	0.070	0.072	0.095	0.094	0.101	0.124	0.121	0.100	0.101	0.101	0.135	0.139	0.138	0.125	0.121
青海	0.035	0.034	0.038	0.037	0.037	0.037	0.037	0.042	0.039	0.039	0.043	0.041	0.044	0.046	0.085	0.087	0.085	0.083	0.080
宁夏	0.048	0.043	0.046	0.045	0.044	0.052	0.044	0.044	0.043	0.049	0.062	0.036	0.037	0.037	0.051	0.071	0.105	0.083	0.081
新疆	0.177	0.155	0.145	0.154	0.197	0.201	0.157	0.145	0.141	0.145	0.144	0.130	0.130	0.133	0.192	0.196	0.461	0.175	0.166

资料来源：根据历年《中国统计年鉴》和《中国环境统计年鉴》计算而来。

附录二

中国人口空间聚集对生产和生活污染的影响差异

肖周燕

摘　要：以环境库兹涅茨曲线为基础，构造以人口空间聚集为门槛变量的回归模型，利用2000—2010年中国30个地区的省际面板数据，分析了人口空间聚集对生产和生活污染的不同影响。研究发现，人口空间聚集对生产和生活污染的影响均是非线性的，偏大和偏小的人口空间聚集水平对生产和生活污染均产生不利影响。环境库兹涅茨曲线能很好解释生产污染产生的原因，但对生活污染的解释力度有限。相对于生产污染而言，生活污染的产生往往与人们环保意识和生活习惯等相关，其影响因素更为复杂，有待于以后深入研究和思考。研究还发现，中国目前的人口空间聚集水平在不断减弱，若不提升其聚集水平并控制在合理范围内，中国的环境污染将更加严峻。建议在转变经济发展方式过程中，应强调人口空间适度聚集。

关键词：城市化；人口空间聚集；生活污染；生产污染

中国过去30年快速的城市化在带给人们生活水平显著提高的同时，大气污染、水资源污染、酸雨、固体废弃物污染等一系列的环境问题却日益严重。尤其是最近几年，雾霾天气影响了全国大部分地区，给人们的生产生活带来了巨大的影响。环境污染问题和每个人息息相关，解决环境污染问题已成为人们的基本愿望，更是成为政府工作的重点。然而，解决环境污染问题如同环境污染问题形成那样，并非能够一蹴而成。在城市化进程中，人口和经济活动的空间集聚是必然趋势。由于环境污染总是伴随着城市化的出现并加剧，认为人口向城镇大规模聚集加重了城镇环境污染的学者不占少数[1-2]①。2013年1月，覆盖中国130万平方公里土地面积的空前雾霾天气，范围涉及东北、华北、西南共十个省市，这些区域也恰恰正是著名的"胡焕庸线"东南部中国人口最密集区域，这似乎从某种程度佐证了人口的空间集聚加重了环境污染的观点。一国或地区人口空间聚集程度越高，表明该国或地区与环境相关的生产和消费活动相应越多，对环境污染越严重，较高的人口空间聚集水平成为影响环境质量的一个非常重要的因素[3-5]。也有学者提出截然相反的观点，指出人口与经济活动的空间集聚是有利于环境保护的，因为污染物的排放本身具有规模经济，无论能源

---

① 见本论文文后注释。

还是污染物，只要在企业之间可以共享、分摊或提高利用率，都能够通过空间的集聚而降低单位 GDP 的污染[6-11]。城市化实际上是人口与经济活动空间聚集的过程。从理论上来说，人口的空间聚集一方面会随着人们吃穿住行方面需求的增加，增大资源和能源的消耗，排放更多的污染物，加重环境污染；但另一方面人口的空间聚集不但可以提高基础服务设施的共享率，还可以提高处理污染设施的效率，减少重复建设对土地等资源的占用，降低人类活动对自然环境的影响，从而有利于环境质量的改善。那么，对于处于快速城市化的中国来说，人口空间聚集水平是不是越高越好？在不同人口空间聚集水平下，影响环境质量的作用机制是否存在不同？污染通常包括生产污染和生活污染，城市化所带来的人口空间聚集对生产污染和生活污染的影响是否会存在不同？本文将对以上问题展开研究。对以上问题的回答，显然已经成为中国城市化不可回避的亟待解决的课题，直接决定了中国城市在加速城市化进程中的发展方向。

1　模型与方法

1.1　计量模型与估计

本研究将基于环境库茨涅茨曲线，同时考虑经济结构、技术以及对外贸易的影响，建立如下基本计量模型（1）如下：

$$EPD_{it} = \beta_0 + \beta_1(SCALE_{-1})_{it} + \beta_2(SCALE_{-1})_{it}^2 + \beta_3(SEC_{-1})_{it}$$
$$+ \beta_4(TEC_{-1})_{it} + \beta_5(FDI_{-1})_{it} + \mu_i + \varepsilon_{i,t}$$

式中，$\beta_1 - \beta_5$ 表示待估系数，下标 i、t 分别表示第 i 个观测点和时间，EPD 表示环境污染指标，$SCALE$、SEC、TEC、FDI 分别表示经济规模、经济结构、技术和对外贸易，μ_i 反映观测点 i 特有因素的影响，$\varepsilon_{i,t}$ 为误差项。

为了减少解释变量的联立内生性，所有解释变量都滞后一期。本研究旨在考察环境质量的影响因素是否会因人口空间聚集水平的变化而发生改变，为中国选择合理的城市化发展路径提供参考。为此，在模型（1）基础上，引入人口空间聚集水平、人口空间聚集水平的平方项、立方项来考察，计量模型扩展为模型（2）如下：

$$EPD_{it} = \beta_0' + \beta_1'(SCALE_{-1})_{it} + \beta_2'(SCALE_{-1})_{it}^2 + \beta_3'(SEC_{-1})_{it} + \beta_4'(TEC_{-1})_{it}$$
$$+ \beta_5'(FDI_{-1})_{it} + \lambda_1(AGG_{-1}) + \lambda_2(AGG_{-1})^2 + \lambda_3(AGG_{-})^3 + \mu_i + \xi_{i,t}$$

式中，$\beta_0' - \beta_5'$、$\lambda_1 \lambda_3$ 为待估系数。(AGG_{-1})、$(AGG_{-1})^2$ 和 $(AGG_{-1})^3$ 表示滞后一期的人口空间聚集水平及平方和立方。

本研究试图捕捉在不同人口空间聚集度下影响环境污染的不同作用机制，借鉴 Hansen 门槛回归模型[12]，将人口空间聚集度作为门槛变量引入，验证人口空间聚集水平对环境污染是否存在门槛效应及相应的作用机制。将模型设定为模型（3）如下：

$$EPD_{it} = \delta_1'(X_{-1})_{it}I((AGG_{-1})_{it} \leq Th) + \delta_2'(X_{-1})_{it}I((AGG_{-1})_{it} > Th) + \mu_i + \xi_{i,t}$$

式中，AGG 为门槛变量，本研究中为人口空间聚集度。$I(\cdot)$ 为指示函数，Xt 表示影响环境质量的各种因素，分别表示经济规模、结构、技术和对外贸易。

与模型（1）和模型（2）相比，模型（3）多出了门槛变量 AGG、门槛值 Th 与指示性函数 I。模型（3）即为刻画不同人口空间聚集水平下经济发展与环境污染动态性的计量模型。以上为单一门槛模型设定，双重及多重门槛可以在此基础上扩展。

考虑到面板数据模型分析中的异方差和相关性，在初步判断人口空间聚集度与环境污染的关系时，采用广义最小二乘法（GIS）估计相关参数。由于 Hansen 门槛模型避免了划定门槛的主观性，且可以对门槛值的显著性进行计量检验，为此，采用门槛模型探讨不同人口空间聚集度影响环境污染的机制。首先通过最小化假定门槛数下普通最小二乘估计的残差估计值得到门槛值（Th），得到相应的估计参数后，再对门槛效应的显著性和门槛估计值置信区间进行检验，验证所估计的门槛值与真实值是否相一致。门槛效应显著性原假设为：$H_0 : \beta_1 = \beta_2$，LR 为显著性检验统计量，表示为：

$$LR_1(Th) = [SSR* - SSR(T\tilde{h})]/\tilde{\sigma}^2$$

式中，$SSR*$ 为 H_0 成立时的残差，$\tilde{\sigma}^2$ 为扰动项方差的一致估计。

由于 LR 统计量的非标准性，Hansen 提出使用 Bootstrap 方法获取近似值，进而得到 LR 统计量的检验 P 值。根据 LR 统计量 P 值的大小，判断上式是否存在显著的门槛效应。若证明确实存在门槛效应，再判断门槛值是否是真实值，对门槛值的准确性进行检验。

门槛值置信区间估计的原假设为：$H_0 : T\tilde{h} = Th_0$，相应的似然比检验统计量为：

$$LR_1(Th) = [SSR(Th) - SSR_1(T\tilde{h})]/\tilde{\sigma}^2$$

式中，$SSR（Th）$ 为 H_0 成立时的残差，$\tilde{\sigma}^2$ 为扰动项方差的一致估计。

该统计量也是非标准的，但 Hansen 推算出其累积分布函数，根据 $LR_1（Th）\leqslant C（\alpha）= -2ln[1 - \sqrt{(1-\alpha)}]$（$\alpha$ 为显著水平）判别原假设是否成立。

类似地，可以考虑双重门槛值的面板回归模型。此时，式（3）被改写为：

$$EPD_{it} = \delta'_1(X_{-1})_{it}I((AGG_{-1})_{it} \leqslant Th_1) + \delta'_2(X_{-1})_{it}I(Th_1 < (AGG_{-1})_{it} \leqslant Th_2) \quad (4)$$
$$+ \delta'_3(X_{-1})I((AGG_{-1})_{it} > Th_2) + \mu_i + \xi_{i,t}$$

由于双重及多重门槛是在单一门槛上的扩展，其估计方法与单一门类，此处不再赘述。

1.2　数据来源与变量说明

关于环境污染指标的选取，选用工业三废中的一个或几个具体污染排放物指标来衡量环境污染水平，仅反映工业生产污染。然而，环境污染是一个综合的整体的概念，不仅包括生产污染，还包括生活污染。而且影响生产污染和生活污染的因素也可能不同。为此，将环境污染细化为生产污染和生活污染进行研究。考虑到数据的可获得性，本文选取工业三废中的工业废水排放量、工业废气排放量、工业二氧化硫排放量、工业烟尘排放量、工业粉尘排放量、工业固体废弃物排放量六类具体环境污染指标度量生产污染。选取生活二氧化硫排放量、生活烟尘排放量、生活污水排放量、生活垃圾清运量四个相关指标度量生活污染。分别用 EPD_1 和 EPD_2 表示生产污染和生活污染。借鉴 Ma Jianqin 等（2010）的方法利用熵权法计算出生产和生活环境污染综合指数[13]，全面客观地反映中国环境质量的整体情况。

经济规模（SCALE）用人均国内生产总值表示。为了消除物价波动的影响，各地区人均 GDP 数据以 2000 年为基期的指数进行平减。为防止经济增长的回归系数太小且数据的平稳性，将人均 GDP 取对数。经济结构（SEC）用各地区第二产业生产总值占地区国内生产总值比重反映。TEC 反映技术对环境污染的影响，用万元国内生产总值消耗能源的标煤量表示。通常认为，单位产值消耗的标准煤越多，表明技术越粗放，所造成的环境污染越严重。FDI 反映对外贸易对环境污染的影响，用各地区外商直接投资占国内生产总值比重表示。人口空间聚集度（AGG）用各地建成区非农业人口密度表示。本研究样本为 2000—2010 年全国 30 个省、自治区、直辖市的面板数据（其中不包括西藏自治区）。各变量的原始数据来自 2001—2011 年《中国统计年鉴》和《中国能源统计年鉴》。

2 实证检验与分析

2.1 加入人口空间聚集度的普通面板回归

在进行回归分析之前，采用 LLC 和 IPS 两种方法对所有变量进行面板平稳性检验。LLC 和 IPS 检验结果显示，所有变量在 5% 的显著性水平下可以拒绝存在单位根假设，即认为所有变量都是平稳的。为了探讨人口空间聚集和生产、生活污染之间的关系究竟是线性的还是非线性的，在环境库兹涅茨曲线基础上，加入人口空间聚集度、人口空间聚集度的平方项、立方项，并与未加入人口空间聚集变量的模型进行对比，客观判断人口空间聚集对环境质量的影响。回归估计结果见表 1。

表 1   生产和生活污染影响因素的回归结果

	生产污染（Industrial Pollution）		生活污染（Domestic Pollution）	
	Model 1	Model 2	Model 1	Model 2
ln$SCALE$	0.026 *** 3.46	0.018 ** (2.57)	− 0.012 *** − 2.68	0.006 (1.2)
ln$SCALE^2$	− 0.001 *** − 3.66	− 0.001 ** (− 2.55)	0.001 ** 2.96	− 0.0002 (− 0.73)
SEC	0.036 *** 15.89	0.029 *** (9.42)	0.020 *** 14.90	0.01 *** 4.60
TEC	− 0.001 *** − 5.61	− 0.001 ** (− 2.24)	0.002 *** 6.13	0.002 *** (8.48)
FDI	0.017 *** 4.04	0.021 ** (2.02)	− 0.012 ** − 2.30	− 0.024 *** − 3.65
AGG		0.015 *** 5.26		0.014 *** 5.47

	生产污染（Industrial Pollution）		生活污染（Domestic Pollution）	
	Model 1	Model 2	Model 1	Model 2
AGG^2		− 0.005 *** − 4.25		− 0.004 *** − 4.21
AGG^3		0.001 *** 3.62		0.001 *** 3.59
C	− 0.097 *** （− 2.79）	− 0.082 ** （− 2.32）	0.073 *** （3.49）	− 0.02 − 1.03
Wald 值	575.45 ***	303.72 ***	282.75 ***	304.99 ***
观察数	330	330	330	330

说明：＊、＊＊和＊＊＊分别表示在10%、5%和1%水平下显著，下同。

从模型（1）回归结果来看，生产污染和生活污染的影响因素存在较大差异。当控制了经济结构、生产技术和对外贸易变量以后，生产污染影响因素的检验符合环境库兹涅茨曲线假说，即生产污染随着经济增长而下降，而生活污染并不能证明环境库兹涅茨曲线假说，从回归系数上来看，经济增长和生活污染之间存在先优化后破坏的现象。不仅如此，除经济结构变量与生产污染和生活污染指标均呈正向关系，且全部在给定的置信水平上显著外，技术和对外贸易对生产和生活污染的影响也截然不同，这表明经济结构从高污染、高耗能的第二产业向污染程度低的第三产业转变，对降低生活污染和生活污染都是有利的。生产技术与生产污染呈现负相关关系，而与生活技术呈现正相关关系，这一方面是由于选取的技术指标更多体现了生产技术因素，导致其分析结果表现为更有利于生产污染的降低，符合生产技术的改进有利于降低环境污染的理论预期；另一方面则反映出，技术对环境影响具有复杂性，一项生产技术的改进在某一生产领域有利于环境保护，但可能在其他领域加重了环境污染。对外贸易对生产和生活污染的影响同样存在差异，回归系数显示，"污染避难所"假设在生产污染方面得到验证，但对生活污染分析并不支持"污染避难所"假设。由此可见，影响生活污染的因素与生产污染的影响因素存在明显不同，可能更为复杂。

基于环境库兹涅茨曲线虽然能够判断经济规模、结构和技术对生产污染和生活污染的不同影响，并检验"污染避难所假设"，但从模型1很难判断目前中国城市化所带来的人口空间聚集对环境质量的影响究竟是什么，为此，加入人口空间聚集度进行分析。从模型（2）回归结果看出，当控制经济发展等因素后，不管是生产污染还是生活污染，人口空间聚集度与环境质量呈现N型曲线的关系；即在人口开始聚集时，人口的空间聚集将增加环境质量压力，但当人口聚集充分，生产和生活污染集中的结果会获得递增的规模效益。由此可见，人口空间聚集对降低生产和生活污染具有积极促进作用。但当人口空间聚集到一定程度，人口进一步的聚集对环境质量所带来的正面积极效应将小于其所带来的交通拥堵、热岛等负面效应，即此时的规模效应小于拥挤效应,从而表现为人口进一步的集聚将会加剧生产和生活污染。控制变量方面,经济结构对生产和生活污染的影响依然显著,表明经济结构向第三产业调整有利于降低生产和生活污染。对外贸易和生产技术对生产和生活污染的影响同模型1回归结果相同,"污染避难所"假设在生产污染分析中得到验证,但生活污染的分析表明"污染避难所"假说并不成立。生产技术的改进有利于减少生产污染,但会加重生活污染,这再次证明,技术是一把双刃剑,生产技术的改进有利于降低生产污染,却与此同时会加重生活污染。不仅如此,当加入人口空间聚集水平变量后,环境库兹涅茨曲线在生产和生活污染上的检验结果也不同。结果显示,生产污染与经济增长的关系符合环境库兹涅茨曲线的预期,但经济增长对生活污染的影响虽然符合环境库兹涅茨曲线,但并不显著。以上分析表明,人口空间聚集与生产和生活污染之间呈现出非线性关系;相对于生产污染而言,影响生活污染的影响因素更为复杂,利用传统变量很难得到合理的解释,需要我们对此进一步深入研究和思考。

2.2　人口空间聚集效应的门槛回归检验

2.2.1　人口空间聚集度的门槛效应检验

由于传统模型在分析非线性关系时存在变量之间多重共线性及转折点确定主观性强的不足,为弥补这些不足,以下将利用面板门槛模型刻画不同人口空间聚集水平下生产污染和生活污染影响因素的不同变化。在进行门槛回归之前,首先需要确定经济和环境污染之间是否存在人口空间聚集的门槛。若确实存在门槛,确定门槛的个数,从而确定模型的形式。表2显示了生产和生活污染的人口空间聚集门槛的显著性检验结果。

表2　人口空间聚集度的门槛效应检验

污染物 (Pollution)	门槛数 (Threshold Number)	F值 (F value)	10%	5%	1%	门槛值 (Threshold Value)	95%置信区间 (95% Confidence Interval)
生产污染	单一	14.315**	5.980	9.707	15.451	1.449	(0.957, 2.077)
	双重	4.639**	0.348	2.384	7.451	1.673	(1.650, 1.891)
	三重	3.205	3.222	4.709	6.958		
生活污染	单一	12.358**	6.126	8.587	13.875	1.500	(1.490, 2.050)
	双重	8.436**	4.763	7.304	12.041	1.375	(1.500, 1.570)
	三重	2.458	4.338	6.117	11.889		

说明:表中的F值和1%、5%和10%临界值均为采用"自抽样"反复抽样300次得到的结果。

从表2检验结果可知,不管是生产污染还是生活污染,在单一和双重门槛模型中,相应的自抽样P值均至少在5%水平下通过显著性检验,说明人口空间聚集的单一门槛和双重门槛效果都非常显著。三重门槛模型未通过显著性检验,表明人口空间聚集的三重门槛并不显著。从具体的门槛值估计来看,生产污染的人口空间聚集门槛值分别为1.449和1.673,生活污染的人口空间聚集门槛值分别为1.375和1.5,表明生产和生活污染的人口空间聚集门槛值比较接近。

2.2.2　门槛回归结果与分析

表3分别给出了生产污染和生活污染的模型回归结果。可以看出，在不同的人口空间聚集水平下经济发展对生产和生活污染具有不同的作用机制，人口空间聚集的门槛效应十分明显。

首先看各解释变量对生产污染的影响情况。对于人口空间聚集度小于1.449的地区来说，经济规模增长与生产污染呈现正相关关系，但在统计上并不显著，即当人口空间聚集程度小于1.449时，经济规模增长加剧了生产污染但并不显著。对于人口空间聚集度小于1.673而大于1.449的地区来说，经济增长对生产污染的作用开始显现，经济规模增长与生产污染呈现负相关关系，说明人口空间聚集度在1.449—1.673区间，经济规模的增长有利于减少生产污染，但 t 值的显著性水平并不稳定，表明经济增长虽然对生产污染有一定抑制作用，但效果不具有稳定性。而当人口空间聚集达到较高水平，情况则发生了明显变化。经济增长和生产污染表现出显著的正相关关系，即在人口空间高度聚集区，经济增长加剧了生产污染。

从各个门槛值前后的系数发现，随着人口空间聚集程度的提高，经济增长对生产污染的影响呈现先不利后有利再到不利的趋势，这一点主要是由于在人口空间聚集初期，经济增长主要依靠资源和资本的投入，加大公共基础设施建设，因此，在人口低聚集区，经济增长不可避免地以牺牲环境为代价，增加了生产污染。但人口空间聚集达到某一门槛值后，同样的公共基础设施可以服务更多人口，公共基础设施的利用效率得到提高，人口空间聚集的规模效应开始显现，这时的经济增长有利于促进工业污染的减少，有利于环境质量的改善；但当人口聚集到一定程度时，人口进一步聚集使得人们对包括交通运输体系、医疗卫生、下水设施、城市绿化等各种基础公共服务设施提出了更高要求，这些设施及建筑的建设、运行及维护都需要更多的能源消耗，其拥挤效应逐步开始显现，由此，经济虽然得到增长但导致了生产污染进一步的加剧。这充分说明：过大或过小的人口空间聚集度都会使经济增长对环境带来不利后果，将人口空间聚集水平控制在一定的适度范围之内，使人口空间聚集产生一定的规模效应，不超过这个效应的范围，提高资源的综合利用效率，这样的经济增长才能有利于减少生产污染，提高环境质量。

在控制变量方面，在不同人口空间聚集度区间内，产业结构与生产污染呈现显著正相关，即不管是人口空间高聚集区还是低聚集区，第二产业在地区国内生产总值中的增加将加剧生产污染，带来环境质量的下降，这与绝大多数实证研究结果一致（Cole等，2011）。生产技术在不同人口空间聚集区内影响不同。在人口空间高聚集区和低聚集区，生产技术对生产污染的作用并不明显，只有在适度的人口空间聚集区，生产技术的改进才能够显著促进环境质量的改善；这充分说明，适度的人口聚集不仅能使经济增长有利于生产污染的减少，生产技术也只有在人口适度聚集区才能对减少生产污染发挥积极作用。外商直接投资在不同人口空间聚集区对生产污染的影响没有发生变化，在人口空间聚集程度不同的三个区间内，外商直接投资与生产污染存在明显负相关，表明中国外商直接投资仍集中在资源消耗大、环境污染严重产业的趋势没有发生根本性变化①，支持"污染避难所"假说。

回归结果显示，对于人口空间聚集度在 1.449 以下，以及人口空间聚集度在大于 1.449 和小于 1.673 区间的中等聚集度的地区来说，经济增长有利于降低生活污染，但作用并不显著。而当人口空间聚集度大于 1.673，情况则发生了明显变化，经济增长对生活污染系数显著为正，表明当人口空间聚集水平较高，该地区与环境相关的消费活动增多，经济增长进一步加剧了生活污染。从控制变量来看，除产业结构系数在三个区间中的作用显著外，生产技术和外商直接投资变量的回归系数在不同人口空间聚集水平的三个区间并不显著，表明生产技术和外商直接投资对生活污染的作用并不明显。产业结构的回归系数为正，表明同生产污染一样，第二产业的发展会加剧生活污染。因此，从总体来看，生活污染尽管具有人口空间聚集的门槛效应，但除经济结构外，各解释变量显著性并不高，说明解释影响生活污染的原因需要从其他更深层次角度来思考（如人们的环保意识、知识水平或消费习惯等）。

表 3　生产和生活污染的门槛模型回归结果

门限区间 （Threshold Interval）	生产污染 （Industrial Pollution）				门限区间 （Threshold Interval）	生活污染 （Domestic Pollution）			
	变量	估计值	t − ols	t − white		变量	估计值	t − ols	t − white
人口空间 聚集度 ≤1.449	$\ln SCALE$	0.002	0.49	0.41	人口空间 聚集度 ≤1.375	$\ln SCALE$	− 0.004	− 0.34	− 0.54
	SEC	0.011	2.54 **	2.15 *		SEC	0.005	3.74 ***	2.18 **
	$TEC/10^3$	− 0.373	− 0.91	− 0.92		$TEC/10^3$	0.154	1.35	0.77
	FDI	0.047	4.02 ***	1.95 **		FDI	0.001	0.31	0.22
	变量	估计值	t − ols	t − white		变量	估计值	t − ols	t − white
1.449 < 人口空间 聚集度 ≤1.673	$\ln SCALE$	− 1.12	− 1.66 *	− 1.37	1.375 < 人口空间 聚集度 ≤1.500	$\ln SCALE$	− 0.275	− 1.46	− 0.71
	SEC	0.016	3.06 **	3.06 **		SEC	0.006	3.96 ***	1.77 *
	$TEC/10^3$	− 1.02	− 1.86 **	− 2.03 **		$TEC/10^3$	0.008	0.06	0.05
	FDI	0.040	3.26 ***	1.78 *		FDI	0.006	− 0.19	− 0.11
	变量	估计值	t − ols	t − white		变量	估计值	t − ols	t − white
人口空间 聚集度 > 1.673	$\ln SCALE$	0.133	3.11 **	2.13 **	人口空间 聚集度 > 1.500	$\ln SCALE$	0.043	3.16 ***	1.81 *
	SEC	0.013	2.84 **	2.52 **		SEC	0.004	3.65 ***	2.29 **
	$TEC/10^3$	− 0.446	− 1.12	− 1.20		$TEC/10^3$	0.001	1.16	0.69
	FDI	0.042	3.65 ***	1.92 **		FDI	0.001	0.28	0.19

注：括号内的数据为 P 值，*、** 和 *** 分别表示在 10%、5% 和 1% 水平下显著。

---

① 对环境影响较为严重的制造业一直是吸引外商直接投资的主要行业。2010—2012 年投资于制造业的外资所占比重依然维持在 57%—58% 之间。近几年来，外商直接投资结构虽然有所改善，但外资投资于一些污染密集型行业趋势并没有从根本上缓解。例如，2012 年投资于水泥、石灰和石膏制造、合成材料制造以及化学原料及化学制品制造业的外资同比仍分别增长了 32%、18.27% 和 5%。

2.2.3　进一步的扩展分析

基于门槛面板的回归分析说明，当人口空间聚集度大于 1.673 或者小于 1.449 时，经济规模增长加剧生产污染；只有当人口空间聚集水平介于 1.449 和 1.673 之间时，资源综合利用效率得到提高，经济增长对规模效应将显现，将有利于减少生产污染。因此，本文假定人口空间聚集度在 1.449—1.673 为适度区间，通过分析研究期内适度人口空间聚集区的数量动态变化，分析经济发展对中国污染的发展方向。从表 4 看出，研究期内适度人口空间聚集区没有发生明显变化，十年间稳定在 7—8 个左右，部分年份减少到 4 个。人口空间高聚集区的数量则显著下降，从 2000 年 15 个降至 2010 年 9 个；人口空间低聚集区则持续稳定上升，从 2000 年 8 个增至 2010 年 13 个。说明随着城市化的进程，中国人口空间聚集水平反而下降了。由于经济发展在人口空间高聚集和低聚集区间对生产污染具有消极影响，这意味着从人口空间聚集门槛来看，经济发展使得多数地区的生产污染加剧（尤其是人口低聚集区的增多，基础设施综合效率得不到提高，经济增长进一步加剧了生产污染）。这反映出多数地区的经济发展是以消耗资源和破坏环境为代价的。再考察不同人口空间聚集区间对生活污染的影响。从回归系数上判断，当人口空间聚集度小于 1.5 时，经济增长有利于减少生活污染，当人口空间聚集度大于 1.5 时，经济增长将加剧生活污染，因此，假定小于 1.5 是人口低聚集水平，大于 1.5 为人口高聚集水平，通过分析研究期内低聚集区和高聚集区的数量变化发现，人口低聚集水平的地区数量由 2000 年 9 个上升至 2010 年的 14 个，人口高聚集水平地区数量由 2000 年 21 个下降至 2010 年 16 个。由此看来，人口空间聚集度的减少，使得多数地区的生活污染有所缓解。因此，可以看出，由于适度人口空间聚集水平的省区较少，当前中国多数地区的生产污染问题不可忽视；人口空间聚集度水平不高，生活污染情况并不严重。但由于生产排污对中国环境污染总量的贡献占很大比例，中国人口空间聚集程度不断减弱，在经济发展过程中若不提升人口空间聚集水平并控制在合理水平，中国环境污染问题将更加严峻。

表 4　2000—2010 年人口空间聚集水平的省域分布　　单位：个

污染物 （Pollution）	门限区间 （Threshold Interval）	2000年	2001年	2002年	2003年	2004年	2005年	2006年	2007年	2008年	2009年	2010年
生产污染	≤1.449	8	10	12	10	11	12	15	18	17	12	13
	1.449 ~ 1.673	7	4	5	6	6	4	6	4	6	8	8
	>1.673	15	16	13	14	13	14	9	8	7	10	9
生活污染	≤1.375	6	9	9	7	9	9	13	17	17	11	11
	1.375 ~ 1.5	3	1	3	5	5	4	4	2	1	2	3
	>1.5	21	20	18	18	16	17	13	11	12	17	16

3　结果与讨论

与以往研究不同的是，本文以环境库兹涅茨曲线为基础，分析了人口空间聚集水平对环境质量的影响变化，并把人口空间聚集度作为门槛变量，利用门槛回归方法构建非线性面板数据模型，深入考察了城市化进程中人口空间聚集对生活污染与生产污染的不同影响，得到以下结论与启示：

第一，人口空间聚集过程应把握适度原则。偏大和偏小的人口空间聚集度对生产和生活污染均产生不利的影响。偏大的人口空间聚集度会使经济发展产生拥挤的外部效应，加重生产和生活污染，而偏小的人口空间聚集度会使改善环境的规模效应得不到发挥，同样不利于环境质量的改善。目前，中国多数省区的人口空间聚集水平偏低，虽然经济快速增长，但给环境带来的压力是巨大的。改善环境质量关键在于转变生产和生活方式，但转变生产生活方式的前提是适度的人口聚集。只有适度的人口空间聚集水平才会使经济增长的环境效益达到最佳。为此，政府应根据地区不同的人口空间聚集度，从资源和产业入手，采取相应的调控方式和干预政策，确保适度的人口空间聚集水平。在人口空间集聚度较低地区，政府通过适当的产业引导，使各类要素能够聚集；在人口空间聚集水平较高地区，适当进行资源要素分流，尽量避免资源过分集中，维持人口适度的聚集水平。

第二，调整优化产业结构依然是改善环境质量的关键切入点。研究结果表明，不管是生产污染还是生活污染，不管人口空间聚集水平如何，第二产业比重提高对生产和生活污染指数有着显著的负面影响。只有实现产业结构的转型升级，淘汰和限制污染密集型产业，积极发展现代服务业和技术密集型产业，才能从根本上实现城市化与环境的可持续发展。

第三，加强外资管理，提高外资整体质量。尽管在引入人口空间聚集水平后，对外贸易对环境质量的影响并不显著，但通过门槛回归分析发现，"污染避难所"假说在生产污染的实证分析中成立，中国引进的大量外资多集中在污染密集型产业，这是造成中国生产污染日益加剧的重要原因之一。因此，政府应加强外资管理，提高外资引进门槛，引进外资应以经济和环境的均衡发展为前提，全面提高外资的整体质量。

第四，影响生活污染的因素较为复杂，需要进一步的思考和分析。生活污染除了传统解释变量外，与人们环保意识和生活习惯等密切相关，因此，不管是普通面板回归还是加入人口空间聚集度的门槛回归，都反映出生活污染的影响因素并不简单。对生活污染影响因素的研究涉及更多的微观变量，这都有待以后深入的研究和剖析。

参考文献

[1] 黄秀蓉，葛万军. 转型期的环境保护与治理策略 [N]. 光明日报，2014 - 02 - 02 (9).

[2] 李佐军，盛三化. 城镇化进程中的环境保护 [J]. 国家行政学院学报，2012

（4）：66 – 73.

［3］孙峰华，孙东琪，胡毅，等. 中国人口对生态环境压力的变化格局 ［J］. 人口研究，2013（5）：103 – 111.

［4］许士春，何正霞. 中国经济增长与环境污染关系的实证分析 ［J］. 经济体制改革，2007（4）：22 – 26.

［5］卢东斌，孟文强. 城市化、工业化、地理脆弱性与环境质量的实证研究 ［J］. 财经问题研究，2009（2）：21 – 29.

［6］丁焕峰，李佩仪. 中国区域污染影响因素 ［J］. 中国人口资源与环境，2010（10）：17 – 24

［7］陆铭. 重思"城市病" ［J］. 中国经济报告，2013（2）：3 – 8.

［8］MATTHEW A. Examining the impact of demographic factors on air pollution ［J］. Population and Environment，2004（26）：1123 – 1131.

［9］GLAESER E L，KAHN M E. The greenness of cities：carbon dioxide emissions and urban development ［J］. Journal of Urban Economics，2010（67）：404 – 418.

［10］HANKEY S，MARSHALL J D. Impacts of urban form on future US passenger-vehicle greenhouse gas emissions ［J］. Energy Policy，2010（38）：4880 – 4887.

［11］SATOSHI I，SHOICHI T，TOSHIYA A，et al. Impact of future urban form on the potential to reduce greenhouse gas emissions from residential，commercial and public buildings in Utsunomiya Japan ［J］. Energy Policy（2010），38：4888 – 4896.

［12］HANSEN B E. Threshold effects in non-dynamic panels：estimation，testing，and inference ［J］. Journal of Econometrics，1999（93）：345 – 368.

［13］MA J Q，GUO J，LIU X J. Water quality evaluation model based on principal component analysis and information entropy：application in Jinshui River ［J］. Journal of Resources and Ecology，2010（1）：248 – 251.

附录三

人口集聚、产业集聚与环境污染的
时空演化及关联性分析

肖周燕　　沈佐次

提　要：为探究人口和产业集聚对环境污染的不同影响，基于我国 2000—2015 年 30 个省区面板数据，利用空间相关性检验和回归分析模型，在描述人口集聚、产业集聚、生产污染和生活污染的时空演化趋势基础上，全面考察了人口集聚和产业集聚对生产和生活污染的不同影响及差异。结果表明，人口和产业快速集聚对生产和生活带来不同的环境污染效应。省域间的生产污染具有明显的空间集聚特点，生活污染空间分布较为随机。虽然人口规模的增大加重了生产和生活污染，但人口集聚并没有加剧污染，反而有利于环境的改善。产业集聚加剧了生产污染，对生活污染的影响并不显著。与单纯降低工业比重相比，促进工业内部结构优化更能抑制生产污染。生产污染符合环境库兹涅茨曲线，但经济增长并不能自动解决所有的环境问题，尤其很难解决由生活消费所引致的生活污染问题。最后，提出在注重生产污染治理的同时，强调人口集聚在生活污染治理中的作用机制。

关键词：生产污染；生活污染；人口集聚；产业集聚；关联性

自改革开放以来，人口和产业集聚成推动我国区域经济发展的重要力量。人口和产业集聚在带来经济飞速发展的同时，生态环境成为国家发展的短板，成为人民生活的痛点，政府和学界开始反思经济发展背后所带来的日益恶化的环境问题。由于人口和产业集聚具有一定的耦合性，人口和产业集聚与环境污染之间似乎总存在正相关关系，表现为地区的人口和产业集聚水平越高，环境污染越严重。那么，从时空上来看，人口和产业集聚与环境污染之间是否存在一定关联性需要实证检验。目前，人们对环境污染的探讨还多局限于工业领域，分析指标多选用带有明显工业化痕迹的污染指标。然而，经济系统内的活动除了生产活动以外，生活活动是不可或缺的重要部分。相应地，经济系统内的污染除了与生产相关的工业污染外，还包括生活污染。我国的污染结构正随着社会经济的发展发生变化，工业污染所占比重开始下降，与此同时生活污染比重有所上升[1]，不少省区的环境污染正从以工业污染排放为主向以生活污染排放为主转变。

近年来，学者们关于集聚对环境污染的影响研究颇多，分别从人口和经济或产业集聚两个层面进行探讨，但并没有得到一致结论。关于人口集聚对环境污染的影响主要由人口密度作为代理指标展开分析。有学者指出集聚有利于减少环境污染，人口和生产活动的集聚可以通过对厂房、道路等资源共享减少重复建设，进而降低污染[2]；紧凑型的高密度城市空间结构使得私家车的交通需求减少和缩短，公共交通比重上升，减少了城市交通碳排放[3-4]；国内相关研究也表明，人口和经济的集聚能减少污染物的排放[5]。但是，也有学者对此提出截然相反的第二种观点，认为人口集聚程度越高，环境污染越严重。但同时指出，对于某些特定污染物而言，集聚水平的提高对污染的影响可能并不服从正的规模效应[6-7]。第三种观点认为，人口集聚和环境污染并不呈现简单的线性关系，人口集聚水平不同，会对环境污染产生不同的影响[8-9]。还有研究检验了不同人口集聚水平与环境污染之间的非线性关系，认为偏大和偏小的集聚水平均对环境污染产生不好的影响[10]。

另外，也有学者从经济或产业集聚探究其对环境污染的影响，指出，由于产业或经济集聚往往伴随着规模的扩张，大量的基础建设和工业生产会导致污染的大量排放。有研究结果表明，芬兰南部、欧盟、越南等各类污染主要是由产业集聚导致的[11-13]；苏静和刘满凤等用中国省域数据证实经济集聚度与污染集聚度存在显著正相关，即经济集聚加速了污染集聚[14-15]，但陆铭指出，经济活动的空间集聚度提高有利于降低单位工业产值的污染排放量[7]，尤其产业集聚能带来技术创新和溢出效应，有利于降低污染[16-19]。张可等研究结果表明，东部沿海城市和省会城市集聚水平相对较高，污染却相对中西部城市和中小城市更加"节约"[20]。还有不少学者利用计量经济学方法检验了不同发展阶段产业集聚所产生不同的环境效应，例如产业集聚与环境污染呈现出N形[21]或倒 U 形曲线趋势[22-23]。

综上所述，人口和产业集聚对环境污染的影响已经引起了学者们的高度关注。由于城市化加速的过程实际上也是人口和资本等各类要素和资源不断集中的过程，从现有文献上来看，集聚对环境污染的探讨多以人口集聚或产业集聚两方面分别展开讨论，但人口集聚和产业集聚具有一定的耦合性，若将二者具有耦合性的客观现实割裂，只分析人口集聚或产业集聚对环境污染的影响有失偏颇。因此，有必要将人口、产业集聚与环境污染纳入统一的分析框架。更为重要的是，人口和产业集聚引致的环境污染排放并不相同，虽然整体上表现为环境污染的变化，但人口集聚所带来更多的是由于消费所引致的生活污染，而产业集聚所带来的更多是由于生产过程所引致的生产污染。在分析集聚对环境污染的影响时，多数研究将重点放在产业或产业集聚对生产污染的影响，选取的污染指标往往是带有工业化痕迹的生产污染指标，忽略了人口集聚所带来衣食住行等消费需求增加所产生的生活污染。为弥补以上研究的不足，本研究将从时间和空间两个维度，全面探讨不同集聚类型和集聚水平与环境污染的关系和演变趋势，为客观把握人口、产业及其他要素的空间布局和可持续发展提供重要支撑。

1 研究方法

1.1 全局与局部空间相关性检验

利用全局空间相关性主要讨论人口集聚、产业集聚和环境污染在邻近位置相关性的综合水平，描述三者在整个研究区域的空间相似性程度，通常用 Moran's I 衡量。计算公式如下：

$$Global\ Moran's\ I = \frac{\sum_{i=1}^{n}\sum_{j=1}^{n}W_{ij}(X_i - \bar{X})(X_j - \bar{X})}{S^2 \sum_{i=1}^{n}\sum_{j=1}^{n}w_{ij}}$$

式中，$S^2 = \frac{1}{n}\sum_{i=1}^{n}(X_i - X)^2$，$X = \frac{1}{n}\sum_{i=1}^{n}X_i$，$X_i$ 表示第 i 区域人口集聚、产业集聚和环境污染属性值，n 表示样本个数，W_{ij} 表示空间权重矩阵，通常采用邻接标准或距离标准 u 来计算。

若 Moran's I 指数大于 0 接近 1，说明人口、产业集聚和环境污染呈现集聚特点，具有很强的相似性；若小于 0 接近 -1，则说明人口、产业集聚和环境污染在研究范围内的差异性较大。若 Moran's I 指数等于 0，表示各地区的人口集聚、产业集聚环境污染分布不存在相关性。

局部相关性检验则是将全局 Moran's I 指数分解到各个局部单元区域，描述局部空间单元与其领域的相似程度，从而判断每个局部单元服从全局总趋势的程度，通常用 Local Moran's I 衡量。计算公式为：

$$Local\ Moran's\ I = \frac{X_i - \bar{X}}{S^2}\sum_{j=1}^{n}W_{ij}(X_j - \bar{X})$$

各指标参数与全局 Moran's I 指数相同，全局统计指标与局部统计指标间存在 $\sum_{i=1}^{n}I_i = nI$ 的关系。空间关联模式可细分四种类型：属于正空间关联的高—高关联和低—低关联类型以及属于负空间关联的高—低关联和低—高关联类型。

1.2 实证模型构建

结合已有研究文献，以经典 STIRPAT 模型和环境库兹涅茨曲线为基础[24-26]，同时考虑人口规模、经济结构、技术及对外贸易的影响，建立如下基本计量模型 1：

$$Pollu_{it} = \beta_0 + \beta_1 SCALE_{-1it} + \beta_2(SCALE_{-1it})^2 + \beta_3 POP_{-1it} + (\beta_4 SEC_{-1})_{it}$$
$$+ \beta_5(TEC_{-1})_{it} + \beta_6(FDI_{-1})_{it} + \mu_i + \varepsilon_{i,t}$$

式中，$\beta_0 - \beta_6$ 表示待估计参数，下标 i、t 分别表示第 i 个省区和年份，$Pollu$ 表示环境污染，POP、$SCALE$、SEC、TEC、FDI 分别表示人口规模、经济规模、经济结构、技术和对外贸易，μ_i 反映省区 i 特有因素的影响，$\varepsilon_{i,t}$ 为误差项。

为避免异方差和保证数据稳定性，所有变量取对数。所有解释变量滞后一期以减少变量之间的内生性。

由于本研究试图探寻人口和产业集聚与不同类型的环境污染的关联，寻求改善环境的方式和路径。为此，在模型 1 基础上，引入人口和产业集聚，计量模型扩展为模型 2：

$$Pollu_{it} = \beta'_0 + \beta_1 SCALE_{-1it} + \beta'_2 SCALE^2_{-1it} + \beta'_3 POP_{-1it} + \beta'_4 SEC_{-1it} + \beta'_5 TEC_{-1it}$$
$$+ \beta'_6 FDI_{-1it} + \lambda_1 (AGG_P)_{-1it} + \lambda_2 (AGG_I)_{-1it} + \mu_i + \zeta_{i,t}$$

式中，$\beta'_0 - \beta'_6$、$\lambda_1 - \lambda_3$ 为待估系数。$(AGG_P)_{-1}$、和 $(AGG_I)_{-1}$、分别表示滞后一期的人口集聚和产业集聚。其他指标含义同模型 1。

1.3　变量说明与数据来源

选用 2000—2015 年除西藏及港澳台地区外的我国 30 个省份的面板数据，探究人口和产业集聚对环境污染的影响及关联效应。原始数据来自历年《中国统计年鉴》《中国环境统计年鉴》《中国区域统计年鉴》等书。变量说明如下。

环境污染是一个综合整体的概念，现有研究通常选用工业三废中一个或几个具体污染指标衡量，但这并不能全面反映环境污染整体状况。由于经济系统内的活动包括生产和生活两部分，经济系统的污染则相对应地包括生产污染和生活污染，集聚对环境质量的影响也可从生产污染和生活污染两方面来考察，而且人口和产业集聚引致的生产和生活污染侧重点不同。为此，本研究将从生产污染和生活污染两方面分别探讨。基于数据的获得性，选择工业废水排放量、工业废气排放量、工业二氧化硫排放量、工业烟尘排放量、工业粉尘排放量、工业固体废弃物排放量六类工业污染物综合来度量生产污染；选取生活二氧化硫排放量、生活烟尘排放量、生活污水排放量、生活垃圾排放量指标综合来度量生活污染；利用熵权法计算生产和生活环境污染综合指数。

借鉴区域经济学中对区域经济集中度衡量的方法，利用不均衡指数分别测算人口和产业集聚程度，减少地级市（区/县）个数变化对人口和产业集聚程度的影响，弥补现有衡量指标存在无法比较以及区域行政调整对其有较大影响的不足。

$$AGG = \sqrt{\sum_{i=n}^{n} \frac{\left[\frac{\sqrt{2}}{2}(y_i - x_i)\right]^2}{n}}$$

式中，AGG 为不均衡指数，n 为研究单元数，y_i 为 i 地级市（区/县）常住人口（或工业产值）占区域总人口（或工业总产值）的比重，x_i 为地级市（区/县）建成区面积占整个区域总建成区面积的比重。AGG 取值范围在 $0 \sim 1$ 之间，不均衡指数越大，表明人口或产业分布越集中；反之，则表明人口或产业分布越均衡。用 AGG_P 和 AGG_I 分别表示人口和产业集聚度。

人口规模（POP）用各地区常住人口表示。经济规模（$SCALE$）通常用人均国内生产总值表示，并以 2000 年为基期进行指数平减。经济结构（SEC）用各地区工业产值所占比重表示。技术（TEC）用万元国内生产总值消耗能源的标煤量表示。FDI 反映对外贸易对环境污染的影响，用各地区投资总额占 GDP 比重表示。

2　结果与分析

2.1　人口和产业集聚与环境污染的时空演化趋势

利用熵权法计算出 2000—2015 年期间各省级地区生产和生活污染指数，大体反映出考察期间各地区生产和生活污染整体变动趋势较为平稳，如图 1 所示。生产污染加剧的地区有新疆、内蒙古、陕西、山西、江西、福建、浙江、云南，大部分地区位于西北；这些地区处在经济快速增长阶段，难免出现重视经济发展，忽视污染防治的情况。北京、上海和广东则生产污染明显下降；此外，吉林和湖北的生产污染也呈现下降趋势；这与北、上、广三地作为我国经济的领头羊，具有了较高的环境质量需求，由此积极寻求产业转型、积极发展资本密集和技术密集型产业、减少污染密集型产业比重。吉林和湖北的生产污染减少则与经济减速不无关系。从生活污染来看，甘肃、陕西、河北、河南、云南、山西的生活污染有所加剧；吉林、天津、湖北、四川、上海和辽宁生活污染则有所改善。整体来看，生活污染加剧的地区多为经济欠发达地区，生活污染有所减缓的地区则为经济较为发达地区；说明随着经济发展、人民生活消费水平提高，欠发达地区的生活污染随之增加，而较为发达地区则更加注重环保，生活污染有所下降。

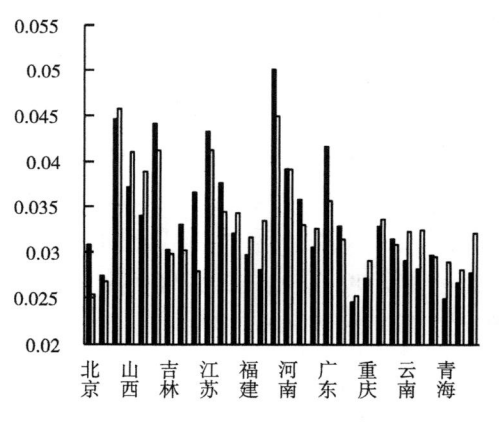
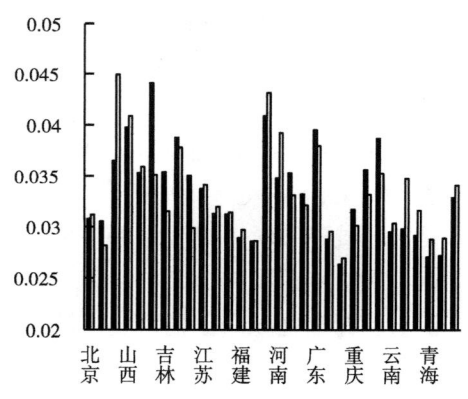

图 1　2000—2015 年生产污染和生活污染趋势演变图

利用不均衡指数计算出 2000—2015 年我国人口和产业集聚指数，反映了人口和产业集聚整体变化趋势。由图 2 可知，2000—2015 年我国人口集聚变动较大，地区内部的人口集聚程度明显下降。人口集聚程度降低的地区有新疆、内蒙古、黑龙江、河北、北京、河南、安徽、湖北、湖南、江西、广东、海南、贵州、四川，人口集聚水平升高的仅有吉林，其他地区维持不动。我国大部分地区处于城市化加速过程中，户籍政策改革等一系列相关政策直接影响着各地人口的集聚程度，从而在一定程度上使得各地人口集聚度有所降低。然而，在人口集聚度有所降低的同时，产业集聚度在多数地区却在提高。2000—2015 年除北京、山西、吉林、黑龙江、江苏和浙江产业集聚水平下降以外，其他地区的产业集聚水平均在提高。

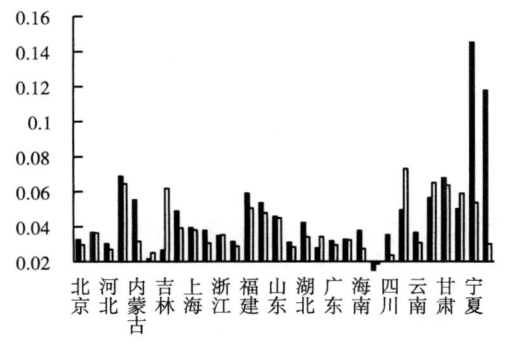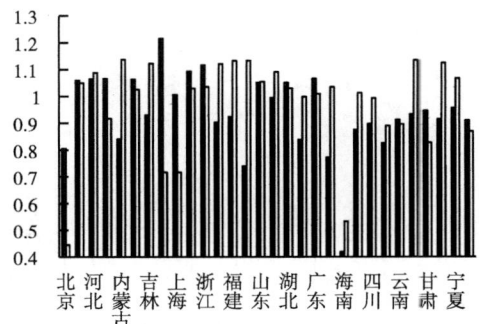

■ 人口聚集 2000 年   □ 人口聚集 2015 年   ■ 产业聚集 2000 年   □ 产业聚集 2015 年

图 2   2000—2015 年人口和产业集聚趋势演变图

2.2   人口和产业集聚与环境污染的空间演化趋势

为了检验人口和产业集聚与环境污染的空间演化趋势，探究三者的空间关联，计算人口和产业集聚及环境污染的全局莫兰指数（如表 1 所示），表 1 中，2000—2015 年间我国人口集聚、产业集聚和生活污染的全局 Moran's I 指数值大都未通 10% 水平下的显著性检验，仅个别年份出现显著自相关，说明这些年间我国各省的人口集聚、产业集聚和生活污染程度受邻近省份的影响并不明显，人口集聚（产业集聚、生活污染）程度高的省份与人口集聚（产业集聚、生活污染）程度高的省份相邻、人口集聚（产业集聚、生活污染）程度低的省份与人口集聚（产业集聚、生活污染）程度低的省份相邻的情况并不普遍。我国人口集聚、产业集聚和生活污染程度在省域级层面上不具有显著的空间自相关特征，即省域人口集聚、产业集聚和生活污染的空间分布是随机的，并没有呈现出相似值之间的地理集聚现象。2000—2015 年，我国生产污染的全局 Moran's I 指数值均通过了 10% 水平下的显著性检验，且均为正值，说明我国各省生产污染程度受邻近省份的影响显著，且均呈正相关，即我国普遍存在生产污染程度高的省份与生产污染程度高的省份相邻、生产污染程度低的省份与生产污染程度低的省份相邻的情况。由此可知，我国生产污染在省域级层面上具有稳定且显著的空间自相关特征，省域生产污染的空间分布是非随机的，并呈现出相似值之间的地理集聚现象。

由于生产污染具有全局空间自相关，图 3 和图 4 展示了 2000 年和 2015 年生产污染的局部空间关联程度。可以看出，与 2000 年相比，2015 年生产污染局部空间关联程度并没有发生根本改变。2015 年落入生产污染高—高象限的区域有河北、山西、内蒙古、辽宁、江苏、安徽、山东、河南；落入低—高象限的区域有北京、天津、吉林、上海、福建、海南；落入低—低象限的区域有黑龙江、湖北、湖南、广西、重庆、贵州、云南、陕西、甘肃、青海、宁夏、新疆，落入高—低象限的区域有浙江、江西、广东、四川。

表 1　人口集聚和产业集聚与环境污染的全局 Moran's I 指数

	生产污染			生活污染			人口集聚			产业集聚		
	Moran's I	Z值	P值	Moran's I	Z值	P值	Moran's I	Z值	P值	Moran's I	Z值	P值
平均	0.268	2.720	0.006	0.058	0.820	0.412	-0.002	0.31	0.756	0.094	1.243	0.214
2000 年	0.249	2.571	0.010	-0.001	0.301	0.764	0.192	2.307	0.021	-0.050	-0.154	0.878
2001 年	0.312	3.137	0.002	-0.024	0.094	0.925	0.134	1.993	0.046	-0.021	0.128	0.898
2002 年	0.280	2.830	0.005	-0.058	-0.215	0.829	0.119	1.741	0.082	-0.002	0.318	0.751
2003 年	0.328	3.250	0.001	0.043	0.694	0.488	0.094	1.512	0.131	0.041	0.723	0.470
2004 年	0.297	3.002	0.003	0.055	0.797	0.426	0.111	1.427	0.154	0.058	0.878	0.380
2005 年	0.351	3.531	0.000	0.081	1.031	0.302	0.062	0.944	0.345	0.090	1.145	0.252
2006 年	0.178	1.894	0.058	0.027	0.548	0.584	-0.058	-0.229	0.819	0.071	0.978	0.328
2007 年	0.160	1.730	0.084	0.057	0.818	0.413	-0.039	-0.043	0.966	0.095	1.203	0.229
2008 年	0.209	2.163	0.031	0.053	0.783	0.434	-0.103	-0.643	0.520	0.089	1.158	0.247
2009 年	0.156	1.701	0.089	0.088	1.091	0.275	-0.093	-0.552	0.581	0.086	1.153	0.249
2010 年	0.158	1.719	0.086	0.030	0.576	0.565	-0.145	-1.012	0.312	0.093	1.249	0.212
2011 年	0.257	2.660	0.008	0.032	0.600	0.549	-0.136	-0.926	0.354	0.110	1.401	0.161
2012 年	0.269	2.774	0.006	0.030	0.576	0.565	-0.209	-1.586	0.113	0.106	1.355	0.175
2013 年	0.238	2.500	0.012	0.032	0.600	0.549	-0.177	-1.304	0.192	0.095	1.242	0.214
2014 年	0.262	2.696	0.007	0.218	2.255	0.024	-0.159	-1.129	0.259	0.052	0.824	0.410
2015 年	0.295	2.970	0.030	0.239	2.485	0.013	-0.155	-1.082	0.279	0.009	0.3889	0.697

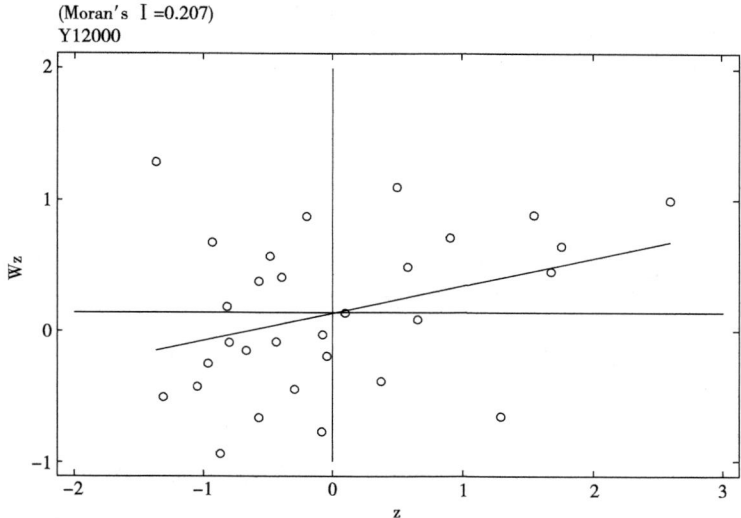

图3　2000年生产污染局部Moran散点图

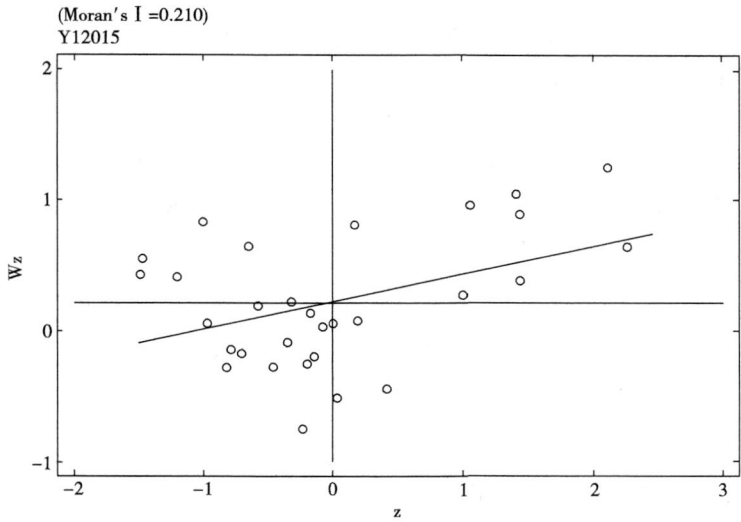

图4　2015年生产污染局部Moran散点图

2.3　人口集聚—产业集聚与环境污染的关联性探讨

　　为分析各地区生产污染、生活污染、人口集聚与产业集聚之间的关联性，运用Stata软件得到四者的相关系数（如表2所示）。结果发现，人口集聚与生产污染和生活污染的相关系数分别为 -0.184 和 -0.131 且显著，说明人口集聚较高的地区往往生产和生活污染比较低。产业集聚与生产和生活污染的相关系数为正值且显著，说明产业集聚度较高的地区生产和生活污染也较严重。综上，产业集聚和人口集聚对生产和生活污染具有不同的效应。

表 2　污染、人口集聚和产业集聚的相关性分析

	生产污染	生活污染	人口集聚	产业集聚
生产污染	1			
生活污染	0.688 *** (0.000)	1		
人口集聚	− 0.184 *** (0.000)	− 0.131 *** (0.004)	1	
产业集聚	0.503 *** (0.000)	0.309 *** (0.000)	0.157 *** (0.001)	1

说明：*** 表示在 1% 水平下显著。

　　既然人口和产业集聚与生产和生活污染的关联性存在明显差别。那么，人口集聚和产业集聚究竟是否是影响生产和生活污染的重要因素之一？为了回答这一问题，结合模型 2，分别将生产污染和生活污染作为因变量，将人口集聚和产业集聚作为关键自变量，引入人口规模、经济规模和结构、对外开放程度和技术等控制变量，探究人口集聚和产业集聚对生产污染和生活污染不同的影响。由于生产污染具有空间关联性，而生活污染并不具有空间关联性，为了二者一致性，本研究采用时期短且横截面单位较多的样本数据进行回归。由于地区间生产和生活污染差异主要表现在横截面的不同个体之间，且参数并不随时间变动或变动较小，由此选择了变截距模型。Hausman 检验结果拒绝了个体效应与其他回归元不相关的假设，最终选择了固定效应模型。参数估计采用广义最小二乘法（GLS）以减少误差项中的异方差和序列相关。回归结果见表 3。

表 3　生产和生活污染回归分析结果

	生产污染	生活污染		生产污染	生活污染
AGG_P	− 0.0242 **	− 0.0141 *	SEC	− 0.107 *	− 0.0253
	(0.00997)	(0.00837)		(0.0556)	(0.0467)
AGG_I	0.222 ***	− 0.0531	FDI	0.0332 ***	0.0111 ***
	(0.0572)	(0.0480)		(0.00426)	(0.00358)
POP	0.186 ***	0.161 ***	TEC	0.172 ***	0.201 ***
	(0.00743)	(0.00623)		(0.0134)	(0.0113)
$PGDP$	1.061 ***	− 0.0337	常数	− 10.56 ***	− 5.119 ***
	(0.141)	(0.118)		(0.696)	(0.585)
$PGDP^2$	− 0.0511 ***	0.00631	样本量	450	450
	(0.00723)	(0.00606)	极大似然值	473.913 ***	552.727 ***

说明：*、** 和 *** 分别表示在 10%、5% 和 1% 水平下显著。

从表3结果看出，人口集聚对生产和生活污染的回归系数均为负值，且通过了1%的显著性检验，说明不管是生产污染还是生活污染，人口集聚和污染指标呈现负相关关系，说明随着人口集聚度提高，生产和生活污染呈现下降趋势，在一定程度上说明人口集聚促进了资源的合理利用，且生产污染治理通过集聚的共享、匹配和学习微观机制，使得生产和生活污染的治理成本降低。产业集聚对生产污染回归系数基本稳定在0.22左右且通过了1%显著性水平检验，说明产业集聚对生产污染的影响为是正向且显著，产业集聚是加重生产污染的重要因素之一，这与刘满凤等（2014）研究结论基本一致[15]。虽然集聚可以利用共享、学习和匹配的微观机制带来环境正外部性，但产业集聚主要指工业集聚，工业发展需要耗费大量资源，排放多种污染物，集聚的环境负效应大于正面效用。结果显示，产业集聚并未影响到生活污染，与相关性研究结果一致。生活污染总是与人们的生活消费密切相关，因此更多与人口集聚关联，而与产业集聚联系有限。人口规模对生产污染和生活污染的回归系数为正且通过了1%显著性检验，表明人口规模增大将加剧生产和生活污染。人均国内生产总值对生产污染的回归系数为正值同样通过1%显著性检验，表明经济规模扩大，生产污染加重。但人均国内生产总值平方对生产污染的回归系数为负值并通过了1%显著性检验，表明经济增长到一定水平以后，经济增长对生产污染具有缓解作用，再一次证明我国生产污染符合环境库兹涅茨曲线假说。然而，人均国内生产总值和人均国内生产总值平方均未通过显著性检验，说明生活污染并不会随着经济的发展有所改善，生活污染的环境库兹涅茨曲线假说并不成立。产业结构对生产污染的影响为负值且通过显著性检验，表明第二产业比重的提高在一定程度上缓解了生产污染，这与部分研究结论截然相反。通常认为，第二产业主要为工业，工业的快速发展往往意味着对自然资源的过度开采及废弃物排放的迅速增加，为此，第二产比重提高将加剧环境污染水平。但本研究结果显示，第二产业比重对生产污染的影响为负值且通过了显著性检验，表明目前第二产业比重的提高，有利于缓解和改善生产污染。我们认为，这可能与我国在工业化过程中，充分借鉴已有的发展经验，更加注重第二产业内部结构优化和工业发展模式的改进，强调资本和技术密集型产业发展，减少污染密集型产业分不开。产业结构变化对生活污染的回归系数不显著，表明第二产业比重的增加并不会影响到生活污染。对外贸易对生产和生活污染的回归系数为正值且通过1%显著性检验，表明进出口投资比重增长加剧了污染，证明不管是生产污染还是生活污染的"污染避难所假说"均成立。技术进步对生产和生活污染的影响一致，回归系数均为正值且通过1%显著性检验，表明以降低单位能耗的技术进步虽然提高了资源和能源的利用效率，提高了生产率和生产规模，但并没有带来治污技术的改进。

3　讨论

人口和产业集聚是我国城市化过程中的必然趋势，但对于人口和产业集聚所带来的生产污染和生活污染效应却没能引起足够的重视，严重影响了我国城市化质量的判断，不利于我国生产和生活方式绿色化。为此，文中重点探究人口和产业集聚与生产和生活污染的关联性，得出以下认识：

（1）经济系统内的污染除了生产污染外，生活污染也是污染治理过程中不可忽视的重要方面。随着工业化和城市化进程的深入和转变，我国不仅面临着严峻的生产污染，与公众生活消费有关的生活污染也逐步上升为亟待解决的环境问题。由于生产污染总与产业密切相关，生产污染与产业集聚关系更为紧密；生活污染则更多与人们生活和消费密切相关，人口集聚将更多地影响生活污染。

（2）生产和生活污染的影响因素截然不同。人口集聚可通过共享、学习和匹配的微观机制，发挥成本优势和资源共享，有利于减少生产和生活污染。但产业集聚虽然也具有集聚的正面效应，但产业集聚更多意味着各类资源和能源的更多消耗，生产污染会由此加剧。

（3）由于生产污染的确定具有很强的工业化痕迹，使得环境库兹涅茨假说和"污染避难所"假说都得到了较好的验证。与生产污染相比，生活污染影响因素更加复杂。与消费相关的各种因素将是探究生活污染的关键点，如反映消费水平的人均消费、反映消费结构的恩格尔指数以及反映环保意愿的受教育水平等等，生活污染的影响因素有待于以后进一步研究。

4 结论

本文利用 2000—2015 年我国 30 个省份的面板数据，在全面考察人口集聚、产业集聚和环境污染的时空演化趋势基础上，实证检验了人口集聚和产业集聚对环境污染的影响，得出了以下结论：

（1）生产污染存在显著的空间自相关性，省域间的生产污染存在显著的相似性，生产污染出现了地理空间集聚现象。人口集聚、产业集聚和生活污染则分布较为随机，变动特征无明显规律性。

（2）人口集聚和产业集聚作为两种不同的集聚类型对不同的环境污染类型呈现出典型的差异性。人口集聚利于缓解生产和生活污染。产业集聚加剧了生产污染，但对生活污染的影响并不显著。

（3）人口规模扩大仍然加剧了生产和生活污染，但人口集聚并不是导致环境污染的重要因素。工业化并没有带来生产污染的加剧及环境的恶化，相反工业产业内部的优化升级使生产污染得到了一定程度的缓解。与单纯降低工业比重相比，促进工业内部结构优化，促进工业结构内部的良性互动更能抑制生产污染，更有利于缓解整体环境恶化。

（4）生产污染符合环境库兹涅茨曲线，但经济增长并不能自动解决所有的环境问题，尤其很难解决由消费所引致的生活污染问题。解决我国的环境问题一方面需要强调生产污染治理外，还必须考虑生活所带来的生活污染治理问题，充分发挥人口集聚在生活污染治理中的作用。

参考文献

［1］李晓西，张江雪．质量理念的新拓展［J］．北京师范大学学报（社会科学版），2006（2）：135－140．

［2］ANDREONI J，LEVINSON A. The simple analytics of the environmental Kumets Curve［J］. Public Economics，2001，80（2）：269－286．

［3］BROWNSTONE D，GOLOB T F. The impact of residential density on vehicle usage and energy consumption［J］. Urban Economics，2009，65（1）：91－98．

［4］GLAESER E L，KAHN M E. The greenness of cities：carbon dioxide emissions and urban development［J］. Urban Economics，2010，67（3）：404－418．

［5］陆铭，冯皓．集聚与减排：城市规模差距影响工业污染强度的经验研究［J］．世界经济，2014（7）：86－114．

［6］彭水军，包群．经济增长与环境污染：环境库兹涅茨曲线假说的我国检验［J］．财经问题研究，2006（8）：3－17．

［7］孙峰华，孙东琪，胡毅，等．中国人口对生态环境压力的变化格局：1990—2010［J］．人口研究，2013，37（5）：103－112．

［8］王芳，周兴．影响我国环境污染的人口因素研究：基于省际面板数据的实证分析［J］．南方人口，2013（6）：8－18．

［9］卢东斌，孟文强．城市化、工业化、地理脆弱性与环境质量的实证研究［J］．财经问题研究，2009（2）：22－28．

［10］肖周燕．中国人口空间集聚对生产和生活污染的影响差异［J］．中国人口、资源与环境，2015（3）：128－134．

［11］VIRKANEN J. Effect of urbanization on metal deposition in the Bay of Southern Finland［J］. Marine Pollution Bulletin，1998，（9）：132－136．

［12］FRANK A. Urban air quality in larger conurbations in the European Union［J］. Environmental Modeling and Software，2001（4）：157－162．

［13］VERHOEF E T，NIJKAMP P. Externalities in urban sustainability：environmental versus localization：type agglomeration externalities in a general spatial equilibrium model of a single sector concentric industrial city［J］. Ecological Economics，2002（2）：109－115．

［14］苏静，胡宗义，唐李伟．我国能源—经济—环境（3E）系统协调度的地理空间分布与动态演进［J］．经济地理，2013，33（9）：19－24．

［15］刘满凤，谢晗进．中国省域经济集聚性与污染集聚性趋同研究［J］．经济地理，2014，34（04）：25－32．

［16］FELDMAN M P. The new economics of innovation，spillovers and agglomeration：a review of empirical studies［J］. Economics of Innovation and New Technology，1999（8）：15－20．

[17] HOSOE M, NAITO T. Trans-boundary pollution transmission and regional agglomeration effects [J]. Regional Science, 2006 (1): 89 – 94.

[18] 王海宁, 陈媛媛. 产业集聚效应与工业能源效率研究: 基于中国25 个工业行业的实证分析 [J]. 财经研究, 2010, 36 (9): 69 – 79.

[19] 李顺毅, 王双进. 产业集聚对我国工业污染排放影响的实证检验 [J]. 统计与决策, 2014 (8): 128 – 130.

[20] 张可, 豆建民. 集聚对环境污染的作用机制研究 [J]. 中国人口科学, 2013 (5): 105 – 116.

[21] 李伟娜, 杨永福, 王珍珍. 制造业集聚、大气污染与节能减排 [J]. 经济管理, 2010, 32 (9): 36 – 44.

[22] 沈能. 工业集聚能改善环境效率吗?: 基于中国城市数据的空间非线性检验 [J]. 管理工程学报, 2014, 28 (3): 57 – 63.

[23] 李筱乐. 市场化、工业集聚和环境污染的实证分析 [J]. 统计研究, 2014, 31 (8): 39 – 45.

[24] DIETZ T, ROSA E A. Effects of population and affluence on CO_2 emissions [C]. Proceedings of the National Academy of Sciences of the USA, 94: 175 – 179

[25] YORK R, ROSA E A, DIETZ T. Bridging environmental science with environmental policy: plasticity of population, affluence and technology [J]. Social Science Quarterly, 2002, 83 (1): 18 – 34.

[26] GROSSMAN G, KRUEGER A. Economic growth and the environment [J]. Quarterly Journal of Economics, 1995, 110 (2): 353 – 377.

附录四

生活方式绿色化的地位束缚——基于
中国综合社会调查（CGSS）的实证分析

肖周燕

摘　要：人口空间集聚将带来生活污染短期的规模效应，治理生活污染关键在于生活方式的绿色化。相比发展方式绿色化，生活方式绿色化探讨较少，多停留于政策性呼吁与号召。环保行为是生活方式绿色化的重要体现。本文使用中国综合社会调查数据，从社会结构角度出发，把生活方式作为社会经济地位影响环保行为的中间机制，探讨生活方式绿色化的阶层差异及原因。研究发现，社会经济地位越高者日常公共环保行为越多。生活方式在社会经济地位和环保行为之间存在中介效应，其影响机制可以描述为：社会经济地位越高的居民越倾向于基本型的生活方式，往往重视日常生活和消费对环境的影响，环保行为越多，反之亦然。基于此，本文认为，推动中国环保行为的全民参与应将社会经济地位变动和中间阶层的培育与壮大有效结合，形成环保行为的阶层基础，从而有利于生活污染的治理；同时，环保行为的全民参与是一个渐进过程，应考虑不同社会阶层选择不同的特定路径。

关键词：社会分层；生活方式；环保行为

　　党的十九大报告指出，形成绿色发展方式和生活方式，坚定走生产发展、生活富裕、生态良好的文明发展道路，建设美丽中国。形成绿色发展方式和生活方式直接关系到中国美丽目标的实现，离不开社会成员在日常生活中的广泛参与。环保行为是实践绿色生活方式的具体体现。目前关于环保行为影响因素的文献汗牛充栋，有学者（**Cheung**，1999）指出，回收利用废报纸的意图和行为均受环保行为态度、主观行为规范和知觉行为控制的影响。也有学者（**Kaiser**，1999）研究发现，知觉行为控制、行为态度和主观规范能共同解释环境行为意向81%的方差，而环境意向决定了环境行为51%—52%方差的变化。多数研究指出，环保行为是个人环境态度变量和情境变量相互作用的结果（**Poortingaw et al**，2004；**Stegl et al**，2009；孙岩，2012）。国内研究指出社会经济结构对环保行为的影响（王建明，2013；洪大用等，2011），但对社会经济地位影响环保行为的具体作用机制探讨不够。彭远春（2013）和焦开山（2014）分别引入获取环境信息的途径和儿童家庭教育试图解释社会经济地位对环保行为的影响作用机制，但从理论上来讲，解释略显牵强。那么，生活方式在整个全面推动居民参与环保过程中到底起到什么作用？本研究为回答该问题，引入生活方式相关变量，从社会结构入手，不仅分析社会经济地位对环保行为的影响，更侧重社会经济地位对环保行为作用机制的探讨，试图客观全面地解释社会经济地位和环保行为二者之间的关系，为改善人们的环保行为，推动生态文明建设和人与自然的和谐发展提供有效途径和切实可行的政策建议。

1　理论分析假设

基于现有文献存在着以上不足，尤其是缺乏对不同主体的环保行为差异作用机制的探讨，引入生活方式，从社会结构角度揭示居民广泛参与环保行为所需的阶层基础。之所以引入生活方式是由于生活方式对环保行为有着特殊重要的意义；此外，人们的行为总是嵌套在社会经济结构中，个人是否实施环保行为很大程度上受社会经济地位的影响和约束——处于不同社会经济地位的个人往往具有不同的生活方式，生活方式成为连接社会经济地位和环保行为的关键，成为把握社会经济地位对环保行为影响机制和推进生态文明建设的重要环节。为此，本文提出以下研究假设：

假设 1：人们的环保行为很大程度上受到社会地位的影响和约束，对人们环保行为的原因剖析不能仅从其自身去寻找，应更多地从社会经济地位结构中去挖掘。居民在社会经济地位中所处位置决定了环保行为的发生及频率，社会经济地位越高，环保行为发生频率越多。

假设 2：人们生活方式的选择决定了环保行为发生频率。生活方式一般可划分成基本型和表现型。所谓基本型生活方式是指生活消费的目的主要满足人们的基本生活需要。表现型生活方式是指满足了基本生活需求以后，为了追求生活质量以及寻求新的消费内容而进行的消费活动，这种消费活动具有一种符号性和象征性意义的消费，称之为表现型生活方式。属于基本型生活方式的居民往往没有太多时间和精力去关注环境问题。与之相反，表现型生活方式的居民由于基本生活需求已经得到满足，则将有更多时间和精力考虑环境问题并实施环保行为。为此，生活方式表现型居民的环保行为发生频率高于生活方式基本型的居民。

假设 3：由于生活方式的选择受到政治、经济、文化等制度制约，居民在社会经济结构中的位置同样形塑了人们的生活方式，加之居民的生活方式和环保行为之间千丝万缕的联系，为此，生活方式成为连接社会经济地位和环保行为的关键链，是社会经济地位影响环保行为的中间变量。

2　分析策略与模型

本研究旨在从社会结构入手探究环保行为的影响机制及实现途径，实现生活方式绿色化；首先，采用逐步回归方法来研究环保行为的社会结构差异；然后，引入生活方式变量，剖析其在环保行为结构差异中的作用。在实证分析过程中，采用嵌套的多元线性回归模型，通过逐步引入社会经济地位和生活方式等影响因素，利用最小二乘法对各变量进行参数估计，检验社会经济地位对环保行为影响的理论假设。与此同时，通过比较不同回归模型中社会经济地位和生活方式的回归系数变化，考察生活方式的中介效应。由于利用传统逐步回归方法无法衡量中介效应作用程度，在最小二乘法回归基础上采用 Bootstrap 方法，通过计算 Bootstrap 标准误和置信区间，检验生活方式的中介作用效应及大小。

3　数据和变量描述

本研究采用中国综合社会调查数据（CGSS），该数据具有综合性强、样本量大、抽样科学、数据可获得性高的特点，且与本研究目的能很好契合。由于中国综合社会调查数据库中仅 2003 年和 2013 年对环保问题进行了调查，为此，本研究选用 2003 和 2013 年中国综合社会调查数据进行分析，保证检验结果的稳定性。2003 年调查共获得样本 9 390 个，其中城市样本 4 437 个，农村样本 536 个，共获得有效分析样本 4 413 个。2013 年调查共获得样本 10 724 个，其中城市样本 6 581 个，农村样本 4 143 个，共获得有效分析样本 6 986 个。

解释变量为居民的环保行为，是指生活中为改善环境状况和提高环境质量而参加保护环境活动的行为统称。CGSS 调查具体询问了被访者在过去的一年里是否（从不、偶尔或者经常）从事垃圾分类投放，与亲友讨论环保问题，自带购物篮或购物袋，重复塑料包装袋，为环境保护捐款，关注环境问题与环保信息，参与环境宣教活动，参与民间环保团体举办的环保活动，自费养护树林或绿地，参加要求解决环境问题的投诉或上诉等 10 项问题。利用因子分析方法将 10 项环保行为进行分类处理。基于表面效度以及探索性因子分析结果，通过了 Bartlett 球形检验，2013 年和 2003 年 KMO 值分别为 0.801、0.816。利用主成分因子分析提取出两个新因子，正好符合 Hunter 等（2004）对环保行为的划分，将其分别命名为日常环保行为和公共环保行为。2013 年数据中两个因子总共解释 48.58% 的方差，其中，日常环保行为因子解释总方差的 27.36%，公共环保行为因子解释总方差 21.21%。2003 年两个因子解释了 44.89% 的方差，日常环保行为因子解释了 28.83%，公共环保因子解释了 16.07%。为了便于分析，将日常和公共环保行为因子值转换为 1 到 100 之间的指数。数值越大，表示环保行为越多。

社会经济地位是本研究的核心变量，一般指人们在社会等级体系中所处的位置，通常由教育、收入和职业三部分衡量。本研究将调查中涉及收入、教育和职业的问题，采用探索性因子分析对上述 3 个指标合成为一个主成分，作为社会经济地位的衡量指标。依照职业分类标准将职业进行编码并转化成相应的等级①。将受教育水平重新编码，对其选择分别赋予不同的分值。收入为连续变量取对数。结果显示，探索性因子分析通过了 Bartlett 球形检验，2013 年和 2003 年 KMO 值分别为 0.60、0.633，因子旋转后的一个主要特征值分别解释了 52.698% 和 54.509% 的总方差。2013 年数据显示职

---

①　具体分类参照：LIN N，BIAN Y J. Getting ahead of urban China ［J］. American Journal of Sociology，1991，97：657–688.

业、受教育程度和收入因子载荷分别为 0.795、0.818 和 0.529，2003 年职业、受教育程度和收入因子载荷为 0.732、0.731、0.752，分别按照以下公式求和，即可获得社会经济地位总分。

2013 年社会经济地位指标 = 0.795 × 职业 + 0.818 × 受教育程度 + 0.529 × 收入

2003 年社会经济地位指标 = 0.732 × 职业 + 0.731 × 受教育程度 + 0.752 × 收入

由于本研究旨在探索不同社会经济地位的环保行为差异及影响效果，利用四分位法将社会经济地位划分为不同阶层，将分值低于 -0.75 定义为社会底层，高于 0.75 定义为社会上层，分值在 -0.75 ~ 0.75 之间为中间阶层。

生活方式是本研究的关键中介变量。生活方式是指人们在日常生活中对生活资源进行评价、选择、配置而形成的日常行为模式。生活方式一般与消费方式有关，CGSS 调查设计了与消费方式有关的问题："除非必要，我和我的家人从不轻易购买生活必需之外的物品"；"我和我的家人过生日或遇上重要节日时，总是到餐馆去聚餐"；"我总是到较有名气的商店去购物"；"我出门总是坐出租车或私家小汽车"；"我家的耐用消费品都是名牌、高档"；"我家用了好些艺术品、艺术化来装饰家庭气氛"。通过这些问题可确定消费类型，从而反映生活方式，与本研究目的基本一致。以上问题按"很符合，较符合，不太符合，很不符合"4 段计分，通过累加计算综合得分反映生活方式。依据消费方式类型将生活方式划分为基本型和表现型两种类型，取值越大，说明居民生活方式越倾向于表现型，反之则为基本型。

根据现有文献，在实证分析中控制了其他可能影响环保行为的因素，包括性别、年龄、婚姻状况、城乡特征以及居住地。2003 和 2013 年所有变量的描述性统计结果见表 1 所示。

表 1   变量描述性统计结果

2013 年					
变量名	均值（%）	说明	变量名	均值（%）	说明
公共环保行为	7.818	标准差 2.079	日常环保行为	7.906	标准差 1.966
年龄	46.273	标准差 15.344	年龄^2/100	23.766	标准差 15.334
性别			城乡类型		
女性	44.9	女性 = 0	农村	24.1	农村 = 0
男性	55.1		城市	75.9	
社会经济地位			婚姻状况		
底层	29.4	底层阶层 = 0	未婚	10.7	未婚 = 0
中产	47.1	中产阶层 = 1	已婚	89.3	
高层	23.6	高层阶层 = 2	生活方式	18.604	标准差 2.802

续表

2003 年					
变量名	均值（%）	说明	变量名	均值（%）	说明
公共环保行为	7.2354	标准差 1.851	日常环保行为	8.6488	标准差 2.261
年龄	46.273	标准差 13.039	年龄²/100	20.8721	标准差 11.679
性别			城乡类型		
女性	50.7	女性 =0	农村	10.2	农村 =0
男性	49.3		城市	89.8	
社会经济地位			婚姻状况		
底层	26.8	底层阶层 =0	未婚	15.6	未婚 =0
中产	48.6	中产阶层 =1	已婚	84.4	
高层	24.6%	高层阶层 =2	生活方式	19.0150	标准差 2.713

4　研究发现与解释

4.1　中国居民环保行为影响因素分析

居民环保影响因素的回归结果见表2所示。其中，模型1为只包括居民特征的基本变量，模型2在模型1基础上加入了社会经济地位变量，模型3在模型2基础上加入生活方式变量。表2回归结果显示，不管是日常还是公共环保行为，回归模型1—模型3均通过了统计显著性检验，模型拟合优度逐步提高，说明模型的解释力在不断增强。在日常环保行为和公共环保行为的各个回归模型中，社会经济地位变量和生活方式变量估计结果基本一致，均通过了显著性检验，说明社会经济地位和生活方式对日常和公共环保行为的影响基本相同，不存在明显差别。以下主要分析2013年数据结果。

表2　中国居民环保影响因素的回归结果

变量	日常环保行为			公共环保行为		
	模型 1	模型 2	模型 3	模型 1	模型 2	模型 3
常数项	7.258 ***	6.883 ***	7.785 ***	7.222 ***	6.599 ***	9.338 ***
性别（女性 =0）	−0.399 ***	−0.444 ***	−0.444 ***	0.194 ***	0.119 *	0.122 **
年龄	−0.011	0.016	0.015	0.020	0.028 ***	0.026 **
年龄²/100	−0.010	−0.012	−0.010	−0.028 ***	−0.031 ***	−0.026 **

（表头"2013 年"跨全表）

续表

变量	2003 年					
	日常环保行为			公共环保行为		
	模型 1	模型 2	模型 3	模型 1	模型 2	模型 3
婚姻状况（未婚 = 0）	− 0. 135	− 0. 099	− 0. 111	− 0. 260 **	− 0. 206 *	− 0. 242 **
城乡类型（乡村 = 0）	0. 968 ***	0. 754 ***	0. 708 ***	0. 688 ***	0. 341 ***	0. 202 ***
地区（西部地区 = 0）						
东部地区	0. 440 ***	0. 413 ***	0. 406 ***	0. 350 ***	0306 *** .	0. 284 ***
中部地区	− 0. 457 ***	− 0. 414 ***	− 0. 387 ***	− 0. 472 ***	− 0. 409 ***	− 0. 329 ***
社会经济地位（底层 = 0）						
中层		0. 262 ***	0. 224 ***		0. 506 ***	0. 392 ***
上层		0. 838 ***	0. 743 ***		1. 331 ***	1. 041 ***
生活方式			− 0. 045 ***			− 0. 137 ***
F 值	110. 837 ***	106. 853 ***	99. 239 ***	61. 696 ***	90. 264 ***	106. 396 ***
调整 R2	0. 099	0. 120	0. 123	0. 057	0. 103	0. 131
P 值	0. 000	0. 000	0. 000	0. 000	0. 000	0. 000
观察值	6986	6986	6986	6986	6986	6986
常数项	8. 272 ***	8. 194 ***	9. 616 ***	9. 610 ***	9. 489 ***	11. 118 ***
性别（女性 = 0）	− 0. 162 **	− 0. 249 ***	− 0. 241 ***	0. 244 ***	0. 108	0. 118 *
年龄	− 0. 069 ***	− 0. 073 ***	− 0. 062 ***	− 0. 042 **	− 0. 047 **	− 0. 035 *
年龄^2/100	0. 072 ***	0. 076 ***	0. 067 ***	0. 033	− 0. 040	0. 029
婚姻状况（未婚 = 0）	0. 104	0. 034	0. 014	0. 066	− 0. 044	− 0. 067
城乡类型（乡村 = 0）	0. 290 **	0. 259 **	0. 210 **	0. 137	0. 089	0. 032
地区（西部地区 = 0）						
东部地区	0. 442 ***	0. 417 ***	0. 420 ***	− 0. 076	− 0. 115	− 0. 111
中部地区	− 0. 037	− 0. 030	− 0. 019	− 0. 260 **	− 0. 249 **	− 0. 237 **
社会经济地位（底层 = 0）						
中层		0. 463 ***	0. 379 ***		0. 716 ***	0. 620 ***
上层		0. 751 ***	0. 605 ***		1. 170 ***	1. 002 ***
生活方式			− 0. 084 ***			− 0. 096 ***

变量	2003 年					
	日常环保行为			公共环保行为		
	模型 1	模型 2	模型 3	模型 1	模型 2	模型 3
F 值	17.710 ***	26.877 ***	31.075 ***	6.127 ***	25.572 ***	29.036 ***
调整 R2	0.026	0.050	0.064	0.008	0.048	0.060
P 值	0.000	0.000	0.000	0.000	0.000	0.000
观察值	4413	4413	4413	4413	4413	4413

说明：*、** 和 *** 分别表示在 10%、5% 和 1% 水平下显著。

社会经济地位为本研究的核心解释变量。表 2 显示，社会经济地位显著影响日常和公共环保行为。在控制性别、年龄等因素后，中国居民的日常和公共环保行为存在明显阶层差异。具体来说，社会中间阶层日常和公共环保行为的发生频率比底层居民分别高 30% 和 66%，上层居民的日常和公共环保行为发生频率分别是底层居民的 1 倍和 2 倍。该结论与现有研究基本一致（王凤，2010；Krause，2012）。

加入生活方式变量以后，回归结果表明，在其他因素保持不变的情况下，生活方式显著影响到日常和公共环保行为，表现为居民生活方式越倾向表现型，日常和公共环保行为越少，生活方式与日常和公共环保行为呈现为负向关系，不符合理论预期。从理论上来讲，环保行为是需要成本的，生活方式越倾向于表现型的居民摆脱了基本生活需求，更有能力关注环境问题，环保行为发生频率较高，生活方式与环保行为之间应是正向关系。但回归结果截然相反，生活方式与日常和公共环保行为之间呈现负向关系。究其原因在于生活方式为表现型的居民在满足基本生活需求后，为了社会身份地位认同，往往会过分追求自我需要的满足，不顾及这种消费满足给自然界、社会和人类造成的后果。另外，当加入生活方式以后，社会经济地位对中间和上层居民的日常和公共环保行为影响都有所下降，但仍然显著，说明生活方式是社会经济地位和环保行为之间的中介变量，社会经济地位通过生活方式影响日常和公共环保行为，生活方式在社会经济地位和环保行为之间具有中介效应。

性别、年龄和婚姻状况等控制变量与现有研究结论基本一致。环保行为存在性别差异，表现为在公共环保行为上男性明显高于女性，而在日常环保行为上女性明显高于男性，解释为女性往往在日常生活中承担更多家庭事务，而男性则在政治活动和社会事务中更活跃。年龄则并没有表现出显著差异，这在一定程度上说明年龄并不直接影响环保行为，它往往作为调节变量，需要和其他因素一起发挥作用。婚姻状况在日常环保行为上并没有表现出明显差异，但在公共环保领域则表现出未婚居民的环保行为明显高于已婚居民。比较而言，婚姻状况对于衣食住行的日常生活并不会有太大影响，但由于环保抗议等公共环保行为需要更多时间和精力的投入，已婚居民由于婚姻家庭的拖累往往比未婚居民在时间和精力上投入少，因此，婚姻状况在日常环保行为上不显著，但在公共环保行为上显著。与中西部地区相比，东部地区居民的环保行为发生频率明显较高，这可能与地区经济发展水平有关。只有当经济发展到一定水平，才会有环保需求和行为，因此东部地区居民的环保行为明显高于中西部。而中部地区虽然经济发展水平高于西部，但西部生态环境较为脆弱，更容易感受到环境的衰退和恶化，因此，西部居民的日常和公共环保行为明显高于中部。此外，生活在污染和拥挤环境中的城镇居民比农村居民对环境污染更为敏感，有更强的改变环境状况的诉求，因此，日常和公共环保行为均表现出显著的城乡差异，这与其他研究结论一致。

4.2　社会经济地位对生活方式绿色化的影响分析

理论分析认为，社会经济地位通过生活方式影响着居民环保行为，但是社会经济地位对人们生活方式的影响并没有得到检验。为此，本研究构建影响居民生活方式因素模型，继续探讨社会经济地位对居民生活方式的影响，回归结果如表3所示。

表3　影响居民生活方式的回归结果

2013 年	β	S. E	t	2003 年	β	S. E	t
常数项	20.055 ***	0.279	71.988	常数项	16.907 ***	0.446	37.904
性别（女性＝0）	0.018	0.063	0.293	性别（女性＝0）	0.099	0.079	1.252
年龄	−0.012	0.013	−0.931	年龄	0.129 ***	0.022	5.958
年龄²/100	0.036 ***	0.012	2.936	年龄²/100	−0.110 ***	0.024	−4.651
婚姻状况（未婚＝0）	−0.259 *	0.119	−2.175	婚姻状况（未婚＝0）	−0.237 *	0.128	−1.85
城乡类型（乡村＝0）	−1.017 ***	0.077	−13.156	城乡类型（乡村＝0）	−0.590 ***	0.132	−4.479
地区（西部地区＝0）				地区（西部地区＝0）			
东部地区	−0.165 *	0.075	−2.219	东部地区	0.042	0.104	0.405
中部地区	0.589 ***	0.074	7.913	中部地区	0.122	0.119	1.022
社会经济地位（底层阶层＝0）				社会经济地位（底层阶层＝0）			
中层阶层	−0.839 ***	0.074	−11.288	中层阶层	−0.995 ***	0.089	−11.184
高层阶层	−2.120 ***	0.092	−23.127	高层阶层	−1.743 ***	0.112	−15.621
F 值	161.365			F 值	46.738		
调整 R²	0.171			调整 R²	0.085		
P 值	0.000			P 值	0.000		
观察值	6986			观察值	4413		

说明：＊、＊＊和＊＊＊分别表示在10%、5%和1%水平下显著。

　　表3回归结果显示,生活方式受到多种因素的影响。生活方式并没有表现出明显的性别和年龄差异,但存在着婚姻、区域和城乡差异。结果表明,未婚居民比已婚居民更倾向于表现型的生活方式,因为相比于未婚居民,已婚居民的生活重心更多聚焦在实实在在的柴米油盐的现实生活上。控制性别、年龄、婚姻状况和地区类型因素后,居民的生活方式同样存在显著的阶层差异,具体表现为社会经济地位越低,生活方式值越高,更倾向于表现型生活。这在一定程度上印证了一些学者(Banerjee,2007;Charles,2009;Kaus,2013)的研究结果,社会地位较低的居民往往希望通过炫耀性消费得到社会认同,因为居民提高社会经济地位一般通过消费可视化的商品和提高收入两种途径来实现,与提高收入相比,底层居民更容易通过过度消费可视化商品来体现自己地位的提升,而中产阶级对地位消费的需求较低,不需要通过故意展示地位品牌来表达自己地位的形象生活方式,更倾向于基本型。

4.3　生活方式在社会经济地位和环保行为之间的作用路径和效果

　　由于逐步回归方法检验中介效应是以自变量是否显著影响因变量为前提,可能存在并列的相互抵消的路径,使自变量对因变量的影响不显著,从而无法检测中介效应及效应大小,本文采用Bootstrap检验方法在判断整体中介效应基础上,对分类的相对中介进行检验,明晰消费的中介效应及作用大小,检验结果见表4。结果表明,整体中介效应和相对中介效应95%的Bootstrap置信区间均不包括零,说明整体中介效应和相对中介效应通过了中介效应检验,且整体总效应和直接效应均通过显著性水平,表明在生活方式社会经济地位和环保行为之间的中介效应通过检验。

　　首先,关注生活方式在社会经济地位和日常环保行为之间的相对中介效应。2003年和2013年结果显示,以底层居民为参照水平,生活方式对中间阶层居民日常环保行为的中介效应置信区间没有包含零,说明生活方式对中间阶层日常环保行为的中介效应确实存在,2013年系数为0.038,占总中介效应的14.5%(0.038/0.262)。2003年系数为0.084,占总中介效应的17.9%(0.083/0.463)。同理,以底层居民为参照水平,生活方式对上层阶层居民日常环保行为中介效应的置信区间同样没有包含零,说明生活方式对上层居民的日常环保行为的中介效应同样存在,2013年系数为0.095,占总中介效应的11.3%(0.095/0.838)。2003年系数0.084,占总中介效应的19.6%(0.147/0.751)。

表 4　基于 Bootstrap 检验的中介效应分析结果

日常环保行为	2013 年				日常环保行为	2003 年			
	系数	标准误	置信下限	置信上限		系数	标准误	置信下限	置信上限
整体中介效应检验	0.064	0.010	0.044	0.084	整体中介效应检验	0.061	0.013	0.040	0.084
	F 值	df1	df2	显著性		F 值	df1	df2	显著性
整体总效应检验	83.714	2	6976	0.000	整体总效应检验	60.903	2	4403	0.000
整体直接效应检验	61.764	2	6975	0.000	整体直接效应检验	38.552	2	4402	0.000
相对中介效应检验	系数	标准误	置信下限	置信上限	相对中介效应检验	系数	标准误	置信下限	置信上限
中间阶层	0.038	0.008	0.025	0.051	中间阶层	0.084	0.013	0.064	0.106
社会上层	0.095	0.019	0.065	0.127	社会上层	0.147	0.020	0.115	0.181
公共环保行为	系数	标准误	置信下限	置信上限	公共环保行为	系数	标准误	置信下限	置信上限
整体中介效应检验	0.160	0.013	0.137	0.187	整体中介效应检验	0.084	0.016	0.057	0.110
	F 值	df1	df2	显著性		F 值	df1	df2	显著性
整体总效应检验	179.221	2	6976	0.000	整体总效应检验	93.355	2	4403	0.000
整体直接效应检验	105.287	2	6975	0.000	整体直接效应检验	65.524	2	4402	0.000
相对中介效应检验	系数	标准误	置信下限	置信上限	相对中介效应检验	系数	标准误	置信下限	置信上限
中间阶层	0.115	0.013	0.094	0.136	中间阶层	0.097	0.015	0.073	0.123
上层阶层	0.290	0.023	0.253	0.327	上层阶层	0.169	0.024	0.130	0.210

表 4 显示，生活方式在社会经济地位和公共环保行为之间的相对中介效应同样存在。2013 年以底层居民为参照水平，生活方式对中间居民的公共环保行为系数为 0.115，占总中介效应的 22.7%（0.115/0.506）；生活方式对上层居民的公共环保行为系数为 0.290，占总中介效应的 21.8%（0.290/1.331）。2003 年以底层居民为参照水平，生活方式对中间居民的公共环保行为系数为 0.097，占总中介效应的 13.5%（0.097/0.716）；生活方式对上层居民的公共环保行为系数为 0.169，占总中介效应的 14.1%（0.169/1.170）。

由此可见，近十年来生活方式在社会经济地位和日常环保行为中的中介效应作用有所减弱，但在社会经济地位与公共环保行为中的中介效应作用却有所增强，其作用路径可见图 1。

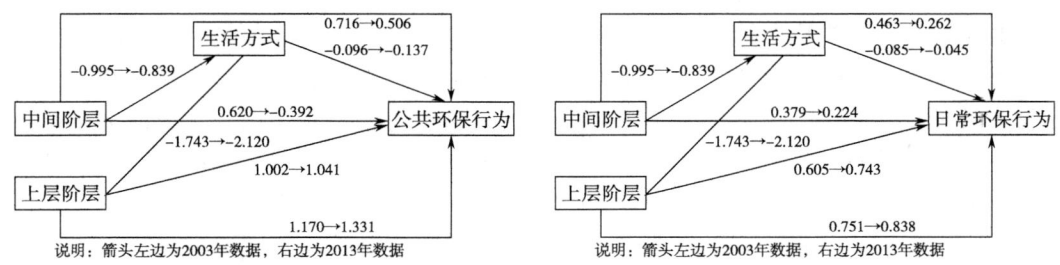

图 1   生活方式的效用模型图

5   结论与政策含义

与以往研究不同，本文更加侧重探讨环保行为的阶层差异及原因，研究社会分层与环保行为之间的结构性关联，将生活方式作为社会经济地位和环保行为的关键链进行了实证检验，得到以下结论：

第一，不同社会经济地位的居民在日常和公共环保行为上均存在显著差异，处于社会中间和上层居民的环保行为发生频率均明显高于底层居民，这和以前研究结论一致。与处于社会底层的居民相比，处于中间和上层阶层的居民已经满足了基本生存需要，对环境污染更为敏感，且更有时间和能力关注环保问题，实施环保行为。

第二，性别、年龄等人口社会学特征依然是影响居民环保行为的主要因素，但控制了这些因素之后，加入生活方式变量，社会经济地位对环保行为的影响减弱，但依然显著，说明生活方式在社会经济地位、日常和公共环保行为之间发挥了部分中介作用。虽然我们无法穷尽影响日常和公共环保行为的所有因素，但生活方式是一个不可忽视的重要变量。

第三，社会经济地位通过生活方式影响着居民的日常和公共环保行为，即社会经济地位是通过生活方式这一中介变量部分影响着环保行为。具体而言，具有两条作用路径，一是社会经济地位对日常和公共环保行为的直接效应。另一个作用途径则通过生活方式对环保行为产生影响。

本研究的政策含义正是深刻认识到生活方式作为连接社会经济地位和环保行为的关键链，强调在社会生活中重新形塑居民的生活方式，以转变生活方式为切入点，促进居民生活方式的转变，具体来说体现在以下方面：

首先，由于不同社会经济地位的居民有着不同的生活方式，这意味着在引导公众转变生活方式的相关政策制定时必须因地制宜，考虑不同社会经济地位成员的不同生活需求，进行相应的政策引导，如对社会底层居民，由于他们的生活消费水平较低，政府可通过制定发放环保补贴等政策，降低底层居民保护环境的经济成本，使环境保护与自身利益相容，促使公众在生活中有保护和改进生活环境的意愿与能力，实现生活方式的互惠。对于处于中间及以上阶层的居民则可更多地通过加强沟通和传播的方式，不断提高中间及上层阶层居民的环保意识，引导他们自觉参与环保行动，从而形成具有良好社会责任的生活方式。

其次，充分重视良好绿色环保政策环境的建立，形成绿色环保的政策环境，有利于合理引导公众的生活方式。政府在政策制定过程中考虑社会公平的问题，将居民环保行为的推动与社会经济地位变动、中间阶层的培育与壮大有效结合，形成环境保护的阶层基础，并将社会经济地位与社会福利的考虑纳入政策制定过程中，在强制性法律法规基础上，调整日常生活领域的具有软约束力的税收政策。

最后，在转变各不同阶层生活方式、推行绿色环保的生活方式过程中，政府应规范其自身的采购和消费行为，在日常活动中对公众发挥引导、示范作用，将环保绿色的消费模式传递给公众，引导民众践行绿色环保的生活方式，让环保行为成为一种社会规范。

参考文献

[1] 孙岩，宋金波，宋丹荣. 城市居民环境行为影响因素的实证研究 [J]. 管理学报，2012，9（1）：144-150.

[2] 王建明. 资源节约意识对资源节约行为的影响：中国文化背景下一个交互效应和调节效应模型 [J]. 管理世界，2013（8）：77-90.

[3] 洪大用，卢春天. 公众环境关心的多层分析：基于中国 CGSS2003 的数据应用 [J]. 社会学研究，2011（6）：154-170.

[4] 彭远春. 城市居民环境行为的结构制约 [J]. 社会学评论，2013（4）：29-41.

[5] 焦开山. 社会经济地位、环境意识与环境保护行为：一项基于结构方程模型的分析 [J]. 内蒙古社会科学（汉文版），2014，35（6）：138-144.

[6] 彭远春. 国外环境行为影响因素研究述评 [J]. 中国人口·资源与环境，2013，23（8）：140-145.

[7] 王凤，阴丹. 公众环境行为改变与环境政策的影响：一个实证研究 [J]. 经济管理，2010（12）：166-172.

［8］孙怡，李杰，乔纳森，等. 奢侈品市场中社会阶层与炫耀性消费的关系［J］. 珞珈管理评论，2017，13（1）：132 – 145.

［9］CHEUNG S F, CHAN D K S, WONG Z S Y. Reexamining the theory of planned behavior in understanding wastepaper recycling［J］. Environment and Behavior. 1999（31）：587 – 612.

［10］KAISER F G, WOLFING S, FUHRER U. Environmental attitude and ecological behavior［J］. Journal of Environmental Psychology, 1999（19）：1 – 19.

［11］POORTINGAW, STEGL, VLEKC. Valuses, environmental concern, and environmental behavior: a study into household energy use［J］. Environmental Behavior, 2004, 36（1）：70 – 93.

［12］STEGL, VLEKC. Encouraging pro-environmental behavior: an integrative review and research agenda［J］. Journal of Environmental Psychology, 2009, 29（3）：309 – 317.

［13］KRAUS, M W, STEPHENS, N. A road map for an emerging psychology of social class［J］. Social and Personality Psychology Compass, 2012, 6（9）：642 – 656.

［14］TREIMAN, DONALD J, GANZEBOOM, HARRY B. Cross-national comparative status attainment research［J］. Research in Social Stratification and Mobility, 1990（9）：105 – 127.

［15］BANERJEE A. DUFLO E. The economic lives of the poor［J］. Journal of Economic Perspectives, 2007, 21（1）：141 – 167.

［16］CHARLES K K, HURST E, ROUSSANOV N. Conspicuous consumption and race［J］. The Quarterly Journal of Economics, 2009, 124（2）：425 – 467.

［17］KAUS, W. Conspicuous consumption and "race" evidencefrom South Africa［J］. Journal of Development Economics, 2013, 100（1）：63 – 73.

［18］HUNTER, LORI M, ALISON HATCH. Cross-national gender variation in environmental behaviors［J］. Social Science Quarterly, 2004, 85（3）：677 – 694.